テーブルの上のしあわせ

大橋　歩

集英社文庫

テーブルの上の
しあわせ

もくじ

1. お客さんを招いて

2. おいしい話、毎日のレシピ

3. 4つのキッチン物語

4. 私の好きなモノ

5. 気になる あそこのおいしい

1.

お客さんを招いて

お客さんが来る。

メニューをきめる。
これも楽しみ。
必ず絵にして
バランスよくすることに
している。

お客さんを迎える用意
お料理の他に大切なこと。
お掃除をしておく。
テーブルの上に飾るものを
用意しておく。

布のナプキンは、
楽しい色や柄もの。

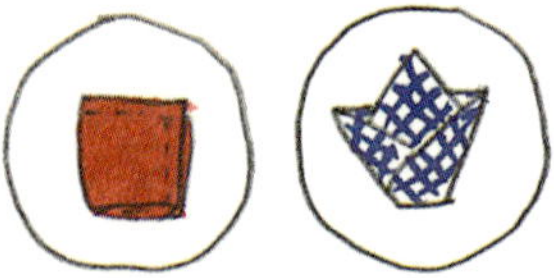

花なら、葉っぱだけ、
小さなブーケでよい。

出来たらお花も飾っておく。
ごく自然な感じで。

たりがい
いらっしゃーーい
なんてことが多い。

お客さんがおみえになる前に
鏡をのぞける余裕があると
いいんだけど…

おいしい料理も大事
だけど、楽しいお客
さん選びも大事。

お客さんを招いて食事をするのは、たいがい土曜日か日曜日の晩。つまり仕事をしない日。それというのも支度に一日かかるから。買い物しなくちゃいけないし、洗ったり切ったりゆがいたり煮込んだり。招く人数分の調理をひとりでこなさなくちゃいけないし。そのうえ、テーブルセッティング、もひとつ部屋の片づけ……。

お客さんをする日は朝から緊張します。うまく料理できるかどうか自信がないからです。なにしろいつもの量じゃないじゃない。だから失敗も多い。

うちはいつもは2人分です。6人招けば3倍。材料3倍なら調味料も3倍で、いつもの味にできるかというと、なぜかそんなことはないのです。汁気を飛ばさなきゃいけないのに、ビシャビシャといつまでも残ってて、味も締まらない。そのうち煮くずれてくる。またそういう時に限って、調達した材料がイマイチだったりして鍋の中で非協力的。そんなことになると、緊張を超えて不安になってきます。そこでもう一品加えなきゃお客さんに悪いなあと思ってしまう。で、冷蔵庫に首を突っ込んで、ありものの材料で、例えば卵料理、あるいは野菜料理をすることになる。そうじゃなくても台所はすでに疲れている。フライパンは汚れているし、ボウルは使い切ってしまっているし。そこをなんとか無理をして、一品作る。それでテーブルの上はおいしそうになるかというと、ゴチャゴチャッとなるだけ。お客さんをする時はいっつもこんな具合です。

でも、好きな人を招くのは、とってもワクワクすることです。誰をよぶ、何を作るかを考えるのは、本当に楽しい。

だからたとえ今回上手にできなくても、またすぐにお客さんをよびたくなるのです。

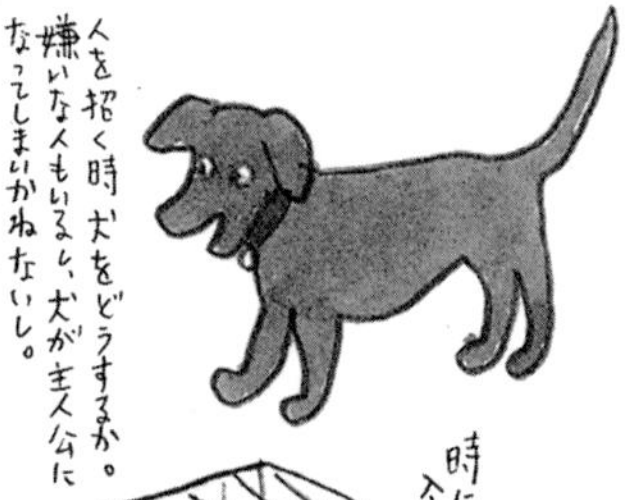
人を招く時 犬をどうするか。
嫌いな人もいるし、犬が主人公に
なってしまいかねないし。

時によってはハウスの中に
入れてしまわねばならない。

キャンドルも雰囲気が
出てよい。

おもてなしのセッティング
一料理ずつの場合

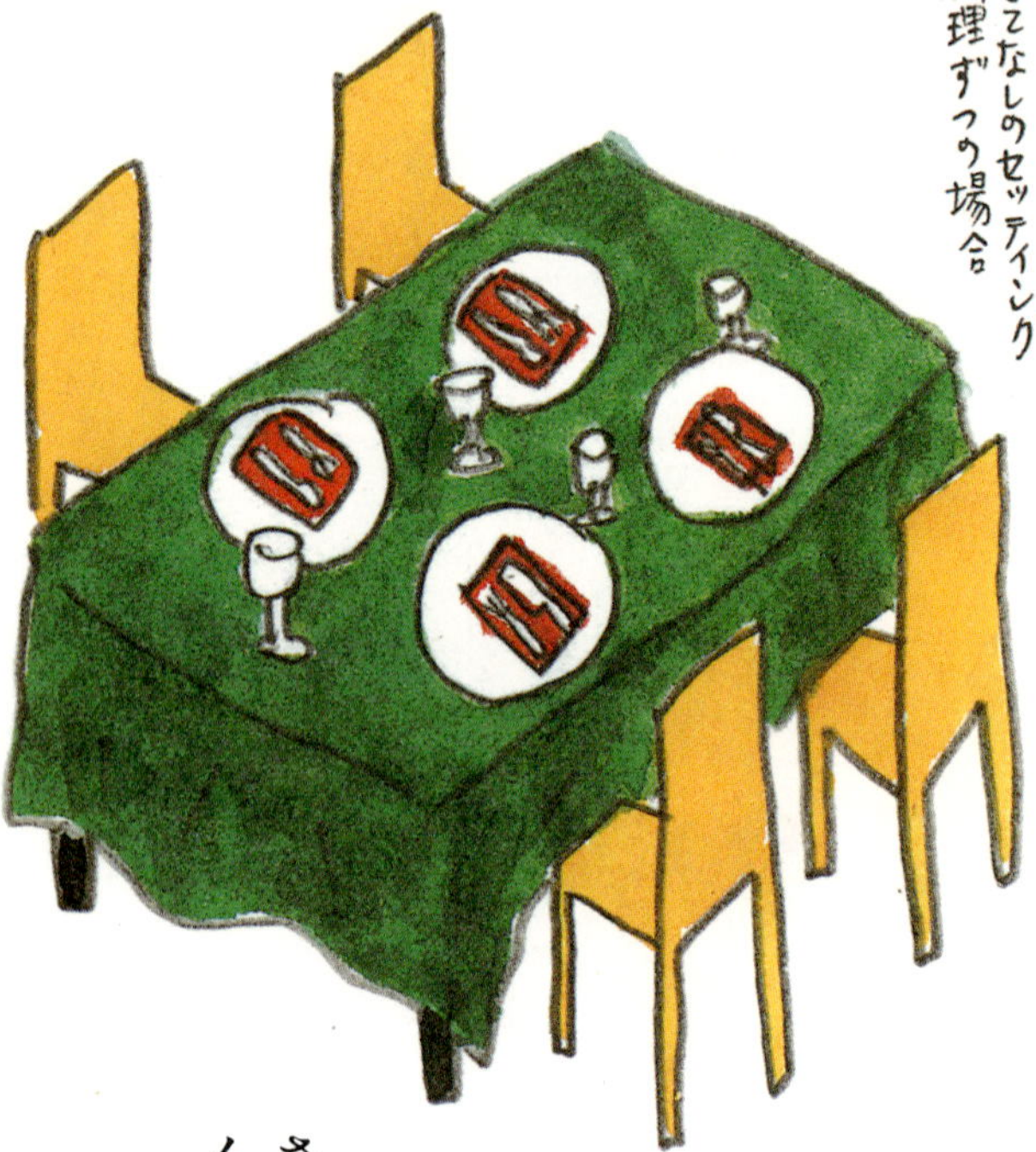

ささっと作る
イタリアン。

たこサラダ

①材料と下ごしらえ

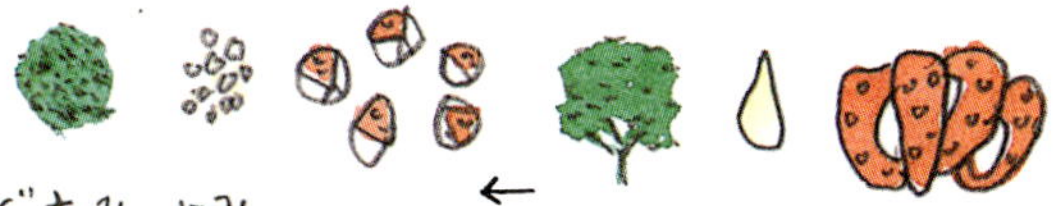

たこの足
小さいのでいい。

にんにく
小さめ一片

パセリ

まわし切りしておく。

みじん切りにしておく。

みじん切り
大さじ2杯ぐらい。

②調味料

酢 大さじ1

サラダ油大さじ3

塩 たこに塩味がついてたらひかえる。

こしょう

③調味料をまぜ、

にんにく、パセリもまぜる。

④たこを入れてまぜる。

たこがごろごろしているので、平たい皿ではなく、ボウルのような深めの器に入れて出す方がよい。

イタリアンはなじみの味になりました。ニョッキもイタリアワインも好まれていますし、若い人たちはいろいろ詳しい。

いつだったか何人かでトラットリアで昼食をした時、若い人たちの頼んだ鶏肉のバルサミコソースのお皿を、私がなあに？　と言って覗いたら、別の若い人が作り方を教えてくれたのです。すごーく簡単で、私、家で作ってみました。おいしくできましたのよ！

イタリアンって意外と簡単じゃないのと、それだけのことでイタリアンに私もお熱になったのでした。一時はイタリアに食べに行きたい、イタリアに飲みに行きたいと、寝言にまで言いかねないほどでした。

フレンチはレストランで食すもの、でもイタリアンは家庭でもなんとか楽しめるわ、と私、思うので、洋食の夕食はイタリア風になってしまいます。といってもスパゲッティにイワシの香草焼きにトマトサラダ。そんなのでも夫とやっぱりイタリアンっておいしいね、なーんて。

だからお客さんを招く時も、洋食ならイタリアン。というか、イタリア風なのです。

食前酒
シェリー
日本酒
（洋風料理に）
カンパリソーダ
など。
ビール
ワイン
食事中のお酒
私はビールをソーダで割って飲む。

とり肉のバルサミコソース

①材料（二人分）

とりもも肉
大きめ一枚。
半分に切って
塩こしょうを
しておく。

にんにく

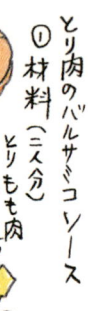

横に切る。

②調味料

バルサミコ酢
大さじ2杯
オリーブオイル

私の右腕（仕事）の
亀田さん、
にんにくの芯（中心に色の
ついたところ）は、
とらないとえぐみがある。

私
えーっ！
知らなかったあ!!
つい最近のことです。

③フライパンをあたため
オリーブオイルとにんにくを
入れる。

④とり肉を皮を下にして、入れる。
強火でやき色をつける。

⑤中火にして裏返して、あったらローズマリーをのせ、ふたをして焼く。

⑥バルサミコ酢を入れ、ふたをして、肉を中まで焼く。

さやいんげん等をゆでてソテーしてつけ合わせるとよい。

お食後

家でのお客さんに私は
お茶(コーヒー、紅茶)を
たくさんつくって、テーブルで
つぎ分ける。

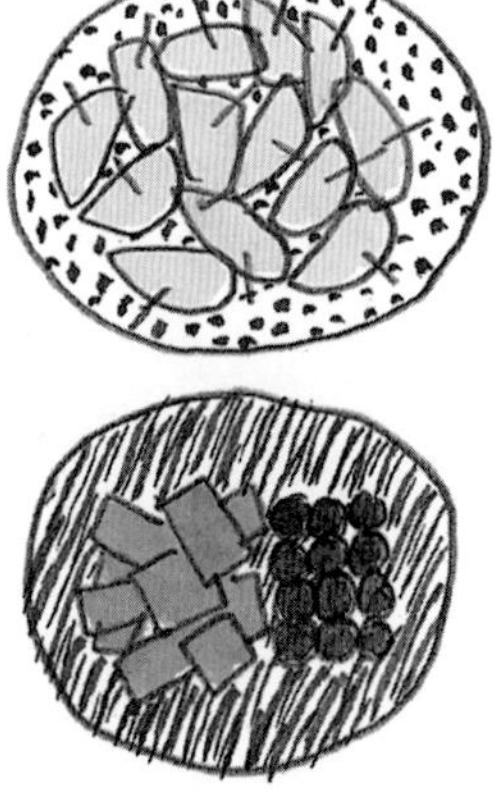

おみやげにいただいた果物や
お菓子を出すのもよいと思う。

お客さんが果物やお菓子を
持って来てくださったら、「頂戴
したのよ」といって、私は皆さんに
食べていただきます。

ぜーんぜん がんばらない中華。

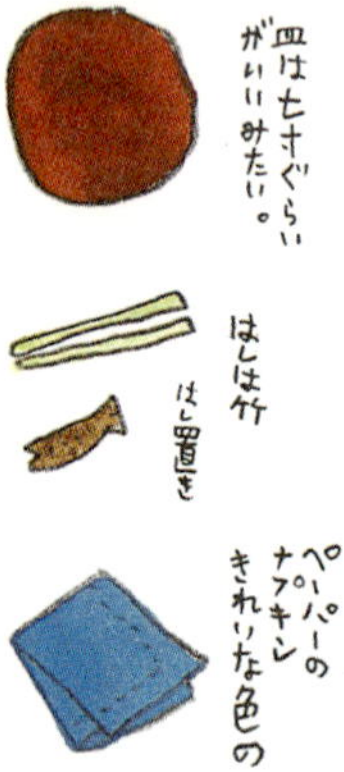
皿は七寸ぐらい
がいいみたい。
はしは竹
はし置き
ペーパーの
ナプキン
きれいな色の

おもてなしのセッティング
大皿(鉢)の場合
花は邪魔なのでいらない。
そのかわり、器を楽しく。

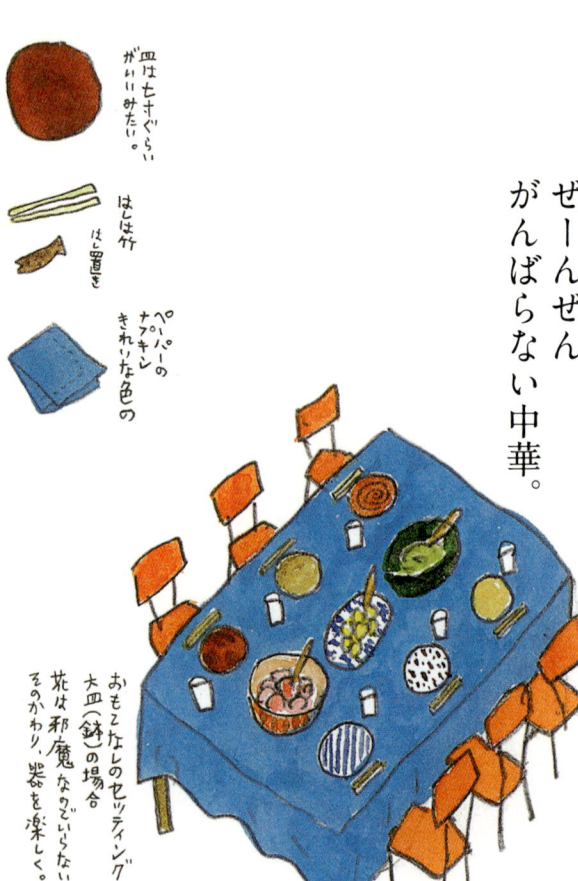

かんたん豚肉と野菜いため
(さやいんげんでも 玉ねぎでも
きゃべつでもなんでもいい)

①材料と下ごしらえ

豚肉200g 細切りにする。

小松菜一わ 洗って4センチ程に切っておく。

ねぎ5センチ あらみじん切り。

しょうが一かけ みじん切り。

②調味料

しょう油 大さじ2

酒 大さじ1

ゴマ油 大さじ1

サラダ油

③フライパンをあたためサラダ油を入れる。
ねぎとしょうがを入れる。
いためる。

④豚肉を入れる。

←

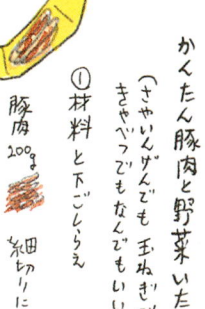

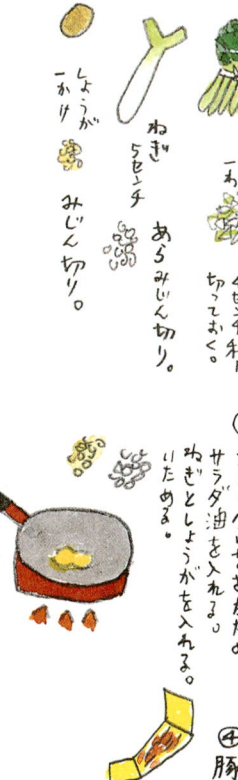

私、料理の本を見ながらしか中華料理が作れませんでした。例えば、イカときゅうりの炒めたのなんか、私の持っている本によると、調味料のかげんがやたら細かいので覚えられません。

　どこかの中華料理屋のシェフが出されているような料理はほとんど複雑。一生、

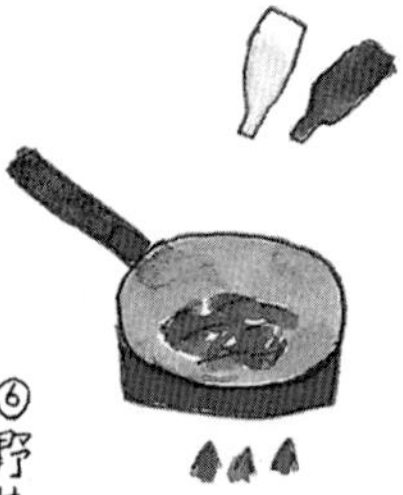
⑤
すぐしょう油と酒を入れ、
よーくいためる。

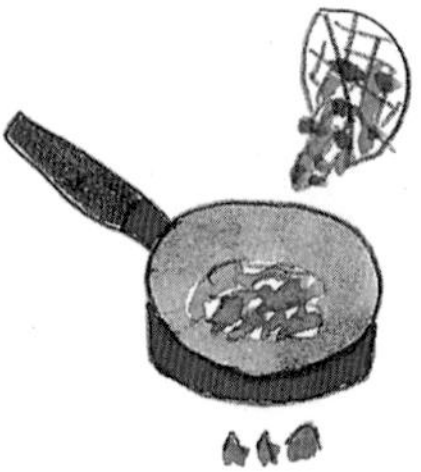
⑥
野菜（小松菜）を
入れいためて、

中華料理はうまく作れないと思っておりましたところ、ある料理の本に出ていた豚肉料理が、なんともおいしくできるので、豚肉とありあわせ野菜の炒め物は、冷蔵庫の中の野菜の片づけ料理の定番となりました。

家では難しい料理は作らない。下ごしらえに時間のかかるフカヒレなんてのは、お金に余裕がある時に外でいただく。もっぱら安上がりな豚肉や卵の簡単料理をうちの中華としています。

中華料理のよいところは、春雨をはじめザーサイ、ピータン、干しエビ、干し貝柱、きくらげ、素材の水煮の缶詰といった保存のきく材料が多いことです。

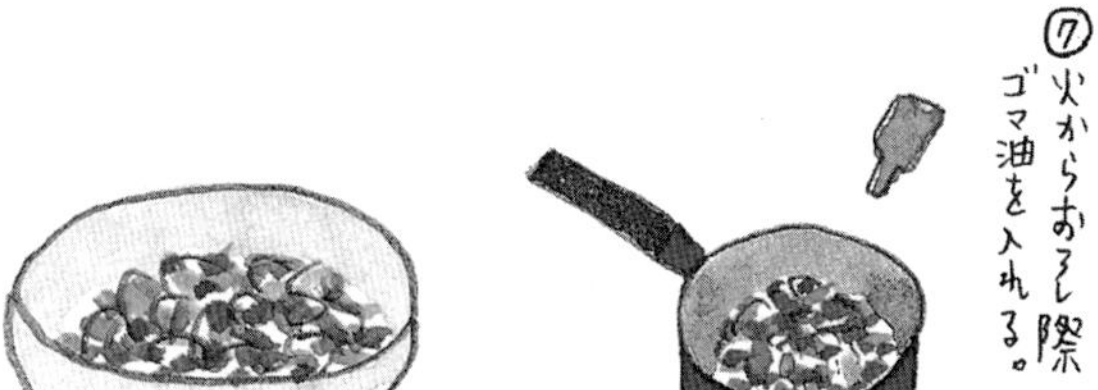

張さんのたまねぎと卵のいためたの
(昔、台湾の張さんから教わった)

① 材料と下ごしらえ

卵三個　割りほぐして塩こしょうをしておく。

たまねぎ　うすく切っておく。

ねぎ5センチ　あらみじん切り。

しょうが　みじん切り。

② 調味料

塩 少々

こしょう 少々

しょう油 少々

ゴマ油 少々

サラダ油

③ フライパンをあたため
サラダ油をおおめに入れる
サラダ油が熱くなったら
卵を入れる。手早くかきまぜて、

④ ボウルに
移しておく。

⑤ フライパンにサラダ油を入れ
ねぎとしょうがをいためる。

⑥ ⑤にたまねぎを入れ色が
つかないように、よくいためる。

⑦ たまねぎがよくいたまったら、
④を加える。

⑧ ざっとかきまぜて、
おろし際にゴマ油を少し入れ、
またかきまぜる。

あつあつを
出しましょう。

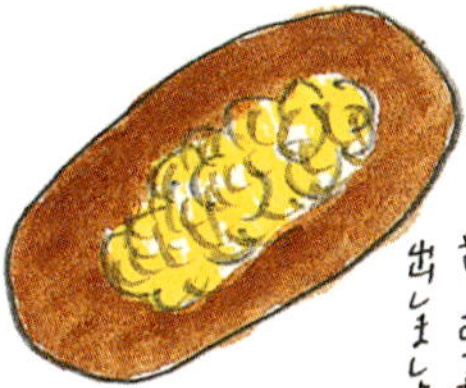

中華風冷やっこ（四人分）

① 材料と下ごしらえ

木綿豆腐一丁
水切りして四ツ切り
にする。

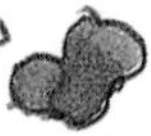

ざーさい

みじん切りにして
大さじ4

ねぎ
6センチ

あらみじん切り。

トマト
中1個

湯むきして
あらみじん切り。

② 調味料

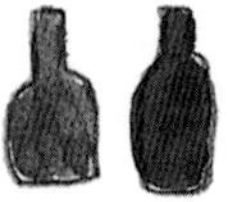

しょう油
大さじ2

ゴマ油
大さじ1

をまぜて
たれをつくる。

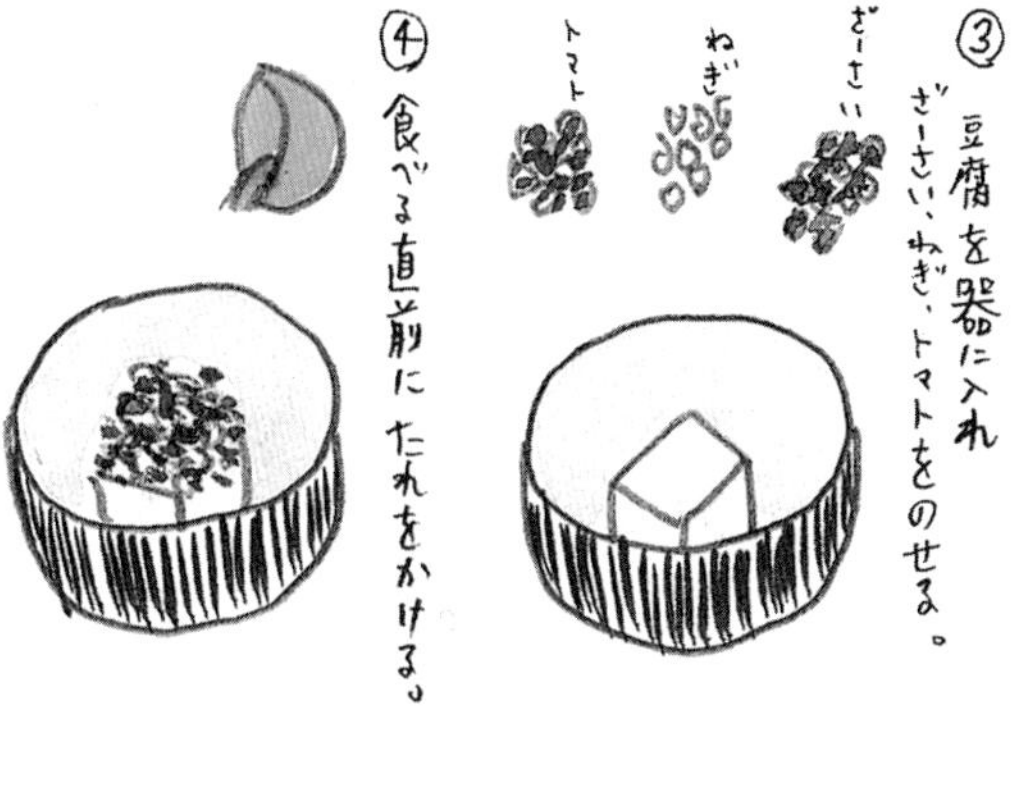
③ 豆腐を器に入れ
ざーさい、ねぎ、トマトをのせる。
ざーさい
ねぎ
トマト
④ 食べる直前にたれをかける。

京菜とお揚げの鍋

材料（約4人前）

京菜

油揚げ（湯で油をぬいておく）

だし

うす口しょう油

塩

① だしを鍋に入れ
すいものより濃いめの
汁にする。

② 京菜も油揚げも
適当に切って、
①に入れさっと煮る。

③ 椀にとり
分けたら
七味を
ふりかけて
いただく。

大人の鍋でワイワイ。

冬は人が集まったら
鍋料理。

豆腐とたらこ鍋
材料（約4人前）
たらこ150グラムぐらい。
木綿豆腐
大きいのは一丁、
小さめは二丁
豚肉50グラム
ねぎ少々
①土鍋にゴマ油と小さく切った
豚肉とねぎを入れる。
②①を
炒める。
③水カップ2杯半入れる。
煮てだしをとる。
水
④一口大に切った豆腐と
たらこを入れて煮る。
⑤たらこの塩で
味がつく。
（塩の強いたらこは
加減して使う）
味つけにすりゴマと
粉とうがらしを入れる。

寒い時には温かいものを食べる。暑い時には冷たいものが食べたくなる。当たり前のことですが、特に寒いころの温かい食べ物は体を活気づけるので、健康料理とも言える気がしています。例えば風邪ぎみで、体がゾクゾクしたら、鍋が一番。薬味にしょうがのすったのを用意しておいて、鶏鍋などがよいと思います。鍋から出る湯気も乾燥した部屋の空気をほどよく湿らせてくれるので体がほぐれますし。

ところで、鍋って日本だけの料理じゃないのです。韓国料理にもありますでしょ。チゲ。

ある時、おいしそうなタラコをたくさん頂戴しました。どう食べ切ろう。たまたま買ってあった韓国料理の本をめくっていたら、豆腐とタラコの鍋というのがありました。上等のタラコを鍋にしてしまってよいであろうか、ちょいと悩みましたけど、食べ切れなくて捨てることになったらそっちのほうがずっともったいない。

で、思いきって鍋にしました。豆腐とタラコだけですが、これがおいしかった。おいしいものは友だちと分かち合いたい。食にはうるさい、というか詳しい大人の女性を招いた時、これを作ったのです。もちろん、おいしいって言ってくれました。へーっ、こんな鍋、初めてだわって。

冬になると京菜（水菜）がうちの近くのスーパーマーケットにも出ます。あれと京揚げ（油揚げ）を鍋にします。これも材料はこれっきり。豆腐も魚も肉も入れません。だから作り方は簡単です。簡単だから、仕事をしている私にはうってつけ、なんて思っています。もちろんこれだけでは満足しませんから、うちでは焼き魚なども用意します。この鍋は、汁のつもりです。ちょっと質素な鍋の紹介でしたか？

じゃあ、おまけにもう一つ。土鍋に白菜の白いところを細長く切って並べます。その上にツナ缶のツナを汁ごと入れて、フタをしてトロ火でじっくり煮ます。白菜が軟らかくなったら、薄口しょう油を入れて味を調えて出します。以上。

ジョンを作ってみませんか。

材料

大正えび　開いておく。

白身魚　薄切りにする。

キムチ　一口大に切る。

にらまたはねぎ　5センチぐらいに切る。

粉少々と卵

ゴマ油

つくり方―にらまたはねぎ

①粉と水と卵をまぜた中ににらを入れます。

②ゴマ油を引いたフライパンに、①を入れて、薄くのばし、両面焼きます。

③一口大に切ります。

つくり方―魚もキムチも同じです。

①えびに粉をつける。

②といた卵をつける。

③フライパンにゴマ油を引く。

④②のえびを焦がさないよう、両面焼く。

豆腐とたらこ鍋の前菜としてもいいと思います。

韓国人の知人が、中華料理は油っこ過ぎて食べられないと言うのです。陸続きなのに食文化の交流はなかったのでしょうか。うちの近くにあるネパール料理屋は、カレーもナンもタンドールチキンもあり、隣国インド料理にかなり近い味なのですが。ま、中国は広い国だからか、料理の味つけは地方によって違うらしいけど(私が知っているのは、四川と広東ぐらい)。でも韓国の人が中華料理はダメっていうあたり、なんでも食べてしまう日本人の私には驚きでした。

日本人の韓国料理の筆頭は焼き肉でしょうね。韓国の知人は韓国料理は焼き肉だけじゃないって言います。ホントに韓

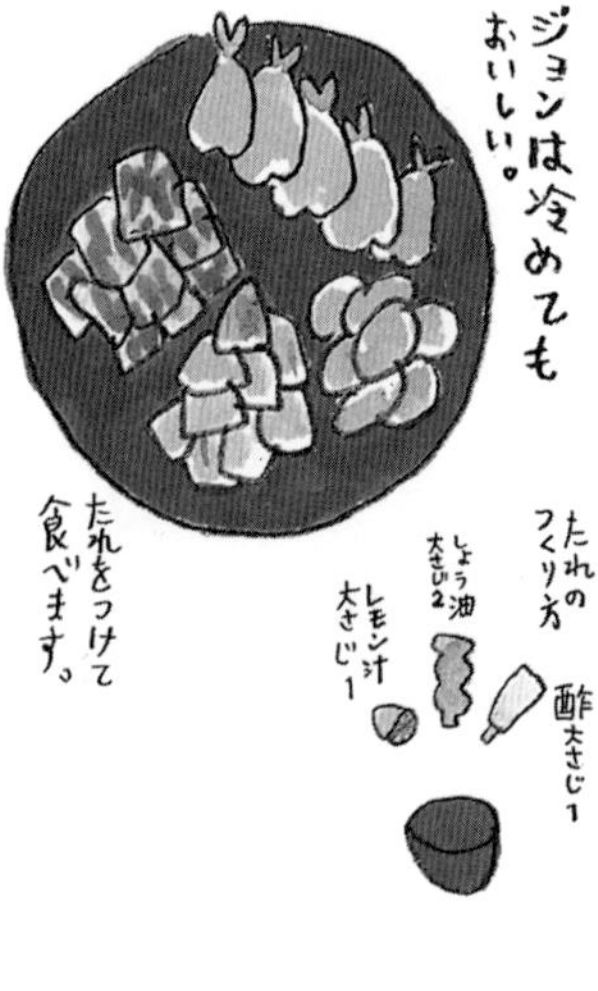
ジョンは冷めても
おいしい。
たれの
つくり方
酢大さじ1
しょう油大さじ2
レモン汁大さじ1
たれをつけて
食べます。

国の知人は毎日焼き肉を食べているわけじゃないようです。

だいぶ前になりますが韓国料理に熱を上げたことがあり、それで料理本を買って、作れそうなのを作っていました。確かに中華料理のような油たっぷりの炒め物はないのです。味つけにゴマ油は使っていますが、酢も入りますのでさっぱり味。それに例えば、なすの和え物は、中華風だと油で揚げますけど、韓国風は蒸して使います。ヘルシーです。

友だちをよぶ時は、作っておける一品にジョン(煎と書きます)を選びます。この韓国風お好み焼きは、冷めてもおいしいのです。冷めても食卓に出せるようなものは、作るほうはらくです。

さて、このジョン、うれしいことに焼いて食べるものならなんでもいいのです。しいたけでもししとうでも、貝柱でも肉でも、ズッキーニでもにんじんでも、なすでもなんでも。ジョンって天ぷらの韓国版で油で揚げないから天ぷらよりさっぱり。それから、男性も子供もけっこう好んでくれます。

急須とポット
中国茶
紅茶
保温ポット
シンプルな形を気に入って買いました。
カリタのポット。
手軽に使えるので好き。

家でゆっくり
お茶の時間を楽しむ。

鉄製で紅茶を入れるのもよい。

日本茶。

ほうじ茶専用きゅうす。大きめです。

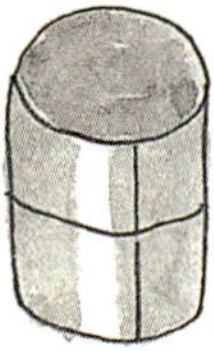

いただいた茶筒。なかなかよいものです。大きめのにほうじ茶を入れておく。

なべつかみのかわいいのをさがします。

テーブルの上にポット敷きとして使います。

みんなでお茶の用意

「はい、お茶が入りました」

午後の楽しみです。私ひとりで仕事をしている時にはそんな時間は持ちませんが、長年仕事をくださってる親しい女性編集者との打ち合わせの時や、スタッフがいる時は、ほんのちょっとの甘いものと、熱い紅茶などをいただきます。気持ちも体もほぐれます。

オープンカフェも春や秋は気持ちよいでしょう。近ごろ紅茶専門の店も増えて、家よりおいしい紅茶がいただけます。けれども家で友人とお茶をするのもいいものです。

お菓子はいただき物でもいいし、友だちが焼いてきてくれたらもっといいし、今週はAさんち、次週はBさんち、その次の週はCさんちと順ぐりで、それぞれの家のお茶のいれ方やお菓子の出し方を楽しむというのもいいですね。

よその家でお茶をする時、大事なことはダラダラ長居をしないことです。2時間と決めたら、ちゃんと2時間で腰を上げることです。ついでにもう一つ。お茶の時間のおしゃべりは人の悪口なしと決めておきましょう。悪口やグチは言ってる本人は気分晴らしになるでしょうけど、聞くほうは楽しくないことです。こういったことはマナーと思って、お茶に集まること。

同じぐらいの子供を持つ友だち、同じような趣味の友だち、集まるといろいろ勉強になります。

さて、高級ブランド物の磁器の洗練された形や美しい絵柄のついたティーセットはさぞかしお茶の時間をうれしくしてくれるでしょう。でも、そういう器がないと家に人をよべないわけではありません。揃《そろ》っていないならバラバラもまた楽しい。ふだん使いのその家らしいものは、ホッとさせます。

さあて、終わったら台所で洗うお手伝いも、友だち同士でお茶を楽しむ「大事」だと思います。

お茶わんいろいろ

ティーカップはそろってなくても楽しい。

中国茶用の小さな
陶器のもの。

湯のみといわれてる
深いもの。

磁器の
すっきりしたもの。

ぼってりした陶器。

カップも飲むもので
大きさが違う。

エスプレッソ用
デミタス。

コーヒー用は縦長。

紅茶用はひらたい。

お茶菓子いろいろ
おせんべいも
地味だけど
おいしい。
まんじゅう。
一口クラッカーと
クリームチーズ。
持ち寄りの
お菓子、
いろいろ盛りつけて。

たまにはお抹茶もいいものです。

または小鉢がいい。

お茶の茶わんは
大きめの飯わん

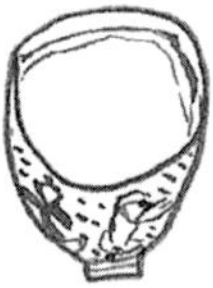

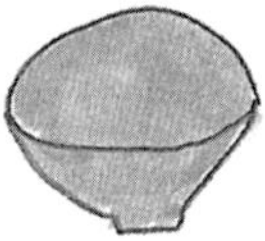

茶せんが折れないように
ざらざらしたものは
さけた方がいいみたい。

お薄の粉茶
①茶わんに茶さじ2杯入れる。
②三口ぐらいで飲める量の熱湯を入れます。
③茶せんでよくとかします。
いただき方はまずお茶菓子を食べます。
それからお茶をいただきます。

買ってくるおやつ、作るおやつ。

軽くて口あたりのよいダックワーズ
（イル・プルー・シュル・ラ・セーヌ）

おいしい大人の味のクッキー
（ギャレットゥ・ノワ
イル・プルー・シュル・ラ・セーヌ）

うす紙に包んであるレーズンウイッチ。
（代官山小川軒）

ちょっと疲れた日は緑茶が飲みたくなります。日本茶にはやっぱり和菓子。

おまんじゅう

柚子まんじゅう
（塩野）

焼き和菓子
中がこしあんの爛菊

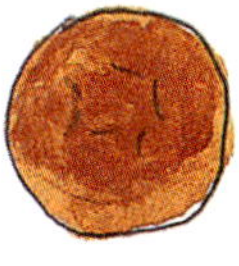

中が白あんの夢月

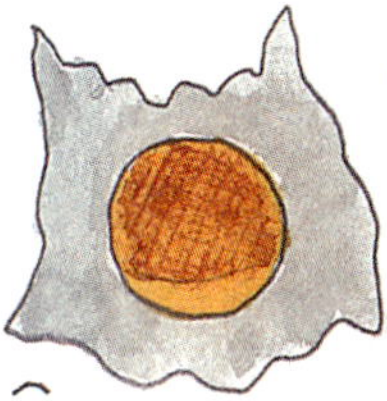

紙に包んであるけど、出してきれいな
皿に並べるのもよい。
（塩野）

イル・プルー・シュル・ラ・セーヌ　〇三ー三四七六ー五二一一
代官山小川軒　〇三ー三四六三ー三六六〇
塩野　〇三ー三五八二ー一八八一

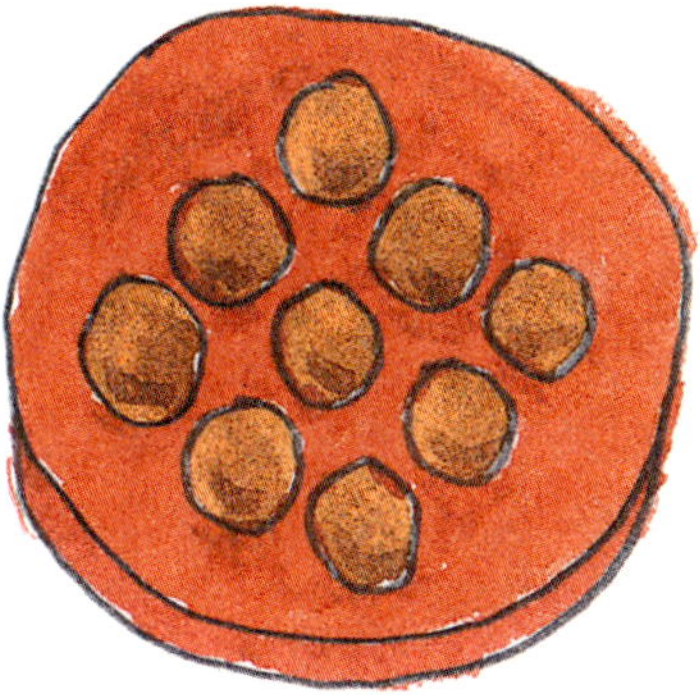

近くのお菓子屋に、むぎまんじゅう
という茶色の小さなつぶしあんの
まんじゅうがあります。小さいし甘さも
品があって、大人のお食後に向いています。

おいしいものは情報で得るのも方法。
友人知人がおいしいというものに、
興味を持つことが、おいしいを豊かに
すると思う。
へーっ
やってみるわ！

いらっしゃーい。ちょうどよかったわ。お茶にしましょう。

いただき物の京都のおせんべい、近くのイル・プルー・シュル・ラ・セーヌのダックワーズがあるから、おいしいお茶で午後のひとときを楽しみましょうよ。代官山のママタルトのおいしいパイだと大き過ぎて、ついお茶の時間が長引いてしまいますから、あれは時々しか用意しないの。久しぶりにあれ、食べたかった？　今度ね。

お菓子がなければ、スパイスミルクティーだけってこともあったわ。近場においしいお菓子屋がない世田谷の家では、それも仕方なかったけど、スパイスミルクティーって大人のお茶って感じよね。

時々は私の手作りお菓子でお茶をしたこともありましたね。シフォンケーキ、アップルパイ、マロン入りのクレープ。近ごろは栗原はるみさんのおやつの本を覗きながら、チーズケーキを多少アレンジして作ることも多いのです。

甘いケーキはミルクも砂糖も入れない渋い紅茶と食べるのがうち流。私は紅茶にするわ。コーヒーがいいですか？　両方いれてもいいのよ。

知人に聞いた手づくりのお菓子の話を聞いて、私風にアレンジ。

バナナクリームサンド

①材料と下ごしらえ

チョコチップクッキー

袋に入れてくだいておく。

バナナはたて4つに切って1

小さく切っていく。

生クリーム一本

グラニュー糖大さじ1生クリームにグラニュー糖を入れホイップ。

②ホイップした生クリームにバナナをまぜる。

③箱の中にクッキングペーパーをしく。

④③の箱に、
底からバナナクリーム、
その上にくだいたクッキー、
バナナクリーム、
クッキーで重ねる。

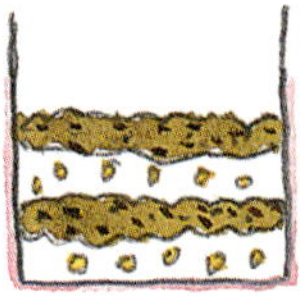

⑤ペーパーで包んで
冷蔵庫で
しばらく置く。

切り分けて出す。
けっこういただけます。

昔々Oさんに教わった簡単デザート。

黄桃にカッテージチーズ

①材料

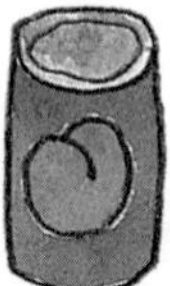

黄桃のかんづめ
冷蔵庫で冷やしておく。

うらごしをしてないカッテージチーズ

②お皿に黄桃を、切り口を上にしてのせる。

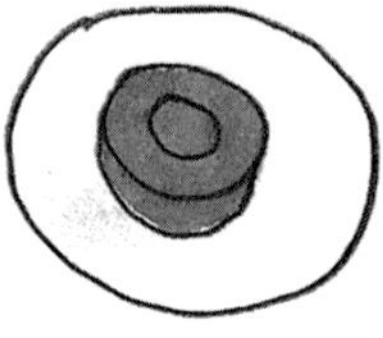

③種の穴にカッテージチーズをつめる。

デザートにしましょ。
うれしいうれしい！
果物やお菓子は、
お腹がいっぱいでも
ちゃーんと入るから不思議

2.

おいしい話、毎日のレシピ

とにかく家族は一緒にごはん。

毎日食事の支度をせねばならないから、雑誌の料理ページや新しい料理本に興味があります。私にも作れそうな料理は参考にしてすぐに作ってみます。うまくできると間をおかないでまた作るけど、最初よりうまくできないことも多く、惣菜といえどもなかなか難しいものと思います。火かげん水かげん、時間のかげん、調味料の量りかげんなどなど、たくさ↘んのかげんによるからでしょうか。

そんなわけで手もとには料理手引き書なるものがけっこうたくさんになってしまいました。

毎日台所に立っているとはいっても、主婦の方のように立派な料理は作れません。言いわけがましいのですが、私、朝の10時30分から夕方の6時まで働いておりますから。短時間でできるもの、手間をかけなくていいものしか、平日には作れません。

だから参考にする料理の手引き書も、

ごく簡単に作れるものばっかり。わざわざ探して買わねばならないような材料や調味料を使う料理は、私には向いていません。いつも台所にあるような、ちょいと近所のマーケットに走っていって買ってこれるような材料や調味料の料理しかしません。

それでも一応栄養バランスは、健康維持のために考えてます。命は食べ物によって支えられているわけですもの。家族の命は主婦の手中にあると言っても過言ではないなあ、と時々包丁の手を動かしながら思います。

食べることは楽しいことですね。おいしいイタリアンやフレンチや天ぷらや寿司は外で食べますが、それはそれで、でも家族の食べる顔を見ながら家で食べるのはもっと楽しい。

ご存じない方も多いと思いますが、一つ釜のめしを食った仲というたとえがあります。それはごく親しくなった人のことです。家族が一緒に食事をすることは、とても大事なことです。家族は理解し合って暮らしたいと思っています。だから台所に立つのはイヤではありません。

近ごろ料理の本が売れています。スーパーマーケットやしゃれた食材屋もあちこちにできてるし、デパートの地下の食材売り場も頑張っています。料理をするのは楽しい時代なのだと思います。

家族のことを考えて
買い物をするのも楽しみ。

自分が食べたいものは
やっぱりおいしくつくれる。

一緒に食事をする。
相手の健康がよく分かる。
機嫌だって見える。
家族は幸せであってほしい。

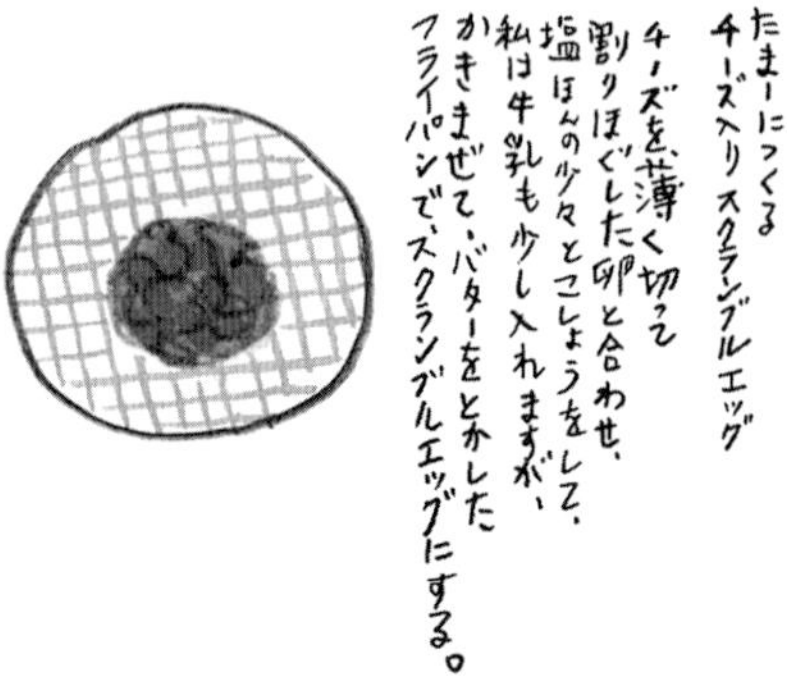
たまーにつくる
チーズ入り スクランブルエッグ
チーズを薄く切って
割りほぐした卵と合わせ、
塩ほんの少々とこしょうをして、
私は牛乳も少し入れますが、
かきまぜて、バターをとかした
フライパンで、スクランブルエッグにする。

朝食は大事。

朝は一日の始まり。だから朝食はしっかりとること。起きたばかりだと食欲がありません。体がまだ起ききってないから仕方がない、とコーヒー、紅茶だけの人もいるみたいです。でも、中には夕食が遅かったり重かったりでおなかがすかないから、という人もいると思います。試しに夕食を早くしたり軽くしたりしてみるといいのです。

朝食はあまり胃に負担のかからないもののほうがよいのでしょう。それこそま

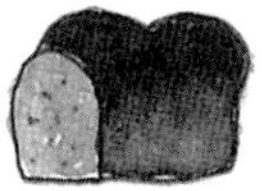
パン
スライスしてトーストして食べる。
ルヴァンの全粒粉
25%のを時々
食べる。トースト
するとこうばしくて
おいしい。
ルヴァン　〇三-三四六八-九六六九

だ体が起ききってないから。口当たりのよい果物は朝食べるのがいいようです。うちではヨーグルト和えにして毎朝果物を食べていますが。

パン食党と和食党どちらですか？　うちはパン食です。胃がパン食に慣れているので、ごはんの和食は胃に重い気がします。パンは毎朝買いに行けないので、買うとすぐ冷凍庫に入れます。パンとミルクティーがおいしく胃におさまる日は一日元気です。

フルーツヨーグルト（2人分）

①材料と下ごしらえ

りんご 1/2個
よく洗って皮ごとでも
むいてもよいがこまかく切る。

プレーンヨーグルト
大さじ8杯（1人4杯）

バナナ1本
皮をむいて、たて4ツ切りにして、
小さく切る。

季節の果物
マンゴーなら1/2個
こまかく切る。

②切った果物を皿に入れ
その上からヨーグルトをかける。
食べる時にまぜる。

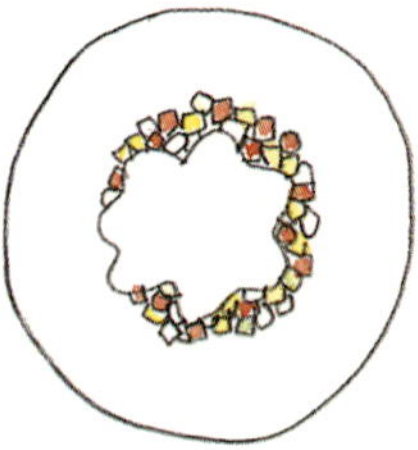

朝一番
大変な仕事は、
果物をこまかく
切ることなのです。

人参ジュース（コップ一杯分）
①材料と下ごしらえ
人参中くらいの一本。よく洗ってたてに切る。
セロリ1/2本よく洗っておく。
りんご1/2個洗って4ツ割りにし、1/4をまた半分に切る。皮はむいてもむかなくてもよい。
②セロリ、人参、りんごの順でしぼる。
③コップ一杯を毎朝飲むと元気になる。

うちの朝食
はちみつ
ジャム
バター

いつもの晩ごはん。

私は朝食の支度をしながら、夕食のための一品を作ることが多い。帰宅してから夕食全部を用意するのは、大変だからです。幸い筑前煮のような煮物は、朝作って夜食べるのが一番おいしいので、そういう煮物を作っておきます。またおひたしの菜っぱは洗って水切りをしてビニール袋に入れておくとか、炒め物の野菜は切って、やはりビニール袋に入れておきます。もちろん冷蔵庫に保存します。

それでもウィークデーの夕食の用意は戦いです。魚に塩をして魚焼き器に入れる、鍋に水を入れて火にかける、大根をおろす、炒りごまをする。手際が悪いのでいっつももたもた。時間がかかります。

食料の買いだしは、私の役目。仕事の帰りに えっさ えっさ。

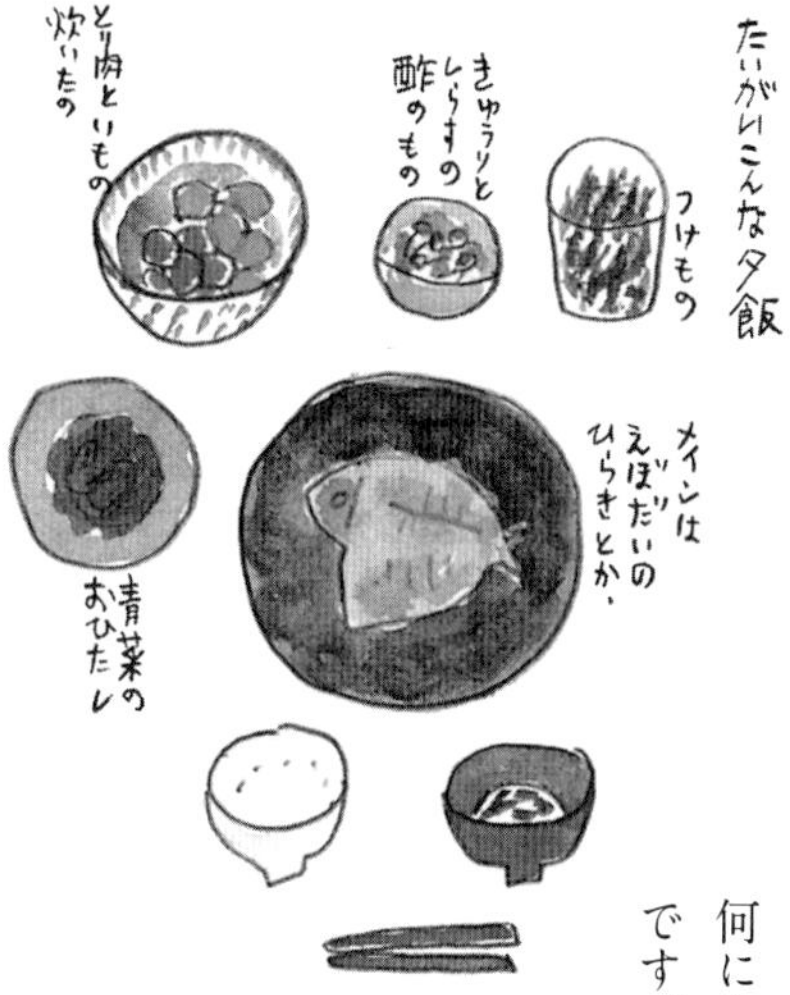
たいがいこんな夕飯
つけもの
きゅうりとしらすの酢のもの
とり肉といもの炊いたの
メインはえぼだいのひらきとか。
青菜のおひたし

でも、外食よりは家のごはんのほうが夫も好きなので、頑張れます。

時々思うことは自分ひとりだったら頑張らないだろうな。おいしいね、と言ってくれる家族がいるから、さぁて今晩は何にしようか、と朝から冷蔵庫を覗くのです。

ちくぜん煮
①材料と下ごしらえ
人参 中二本
皮をむいて一口大に切る。
れんこん 小さめ一本
皮をむいて一口大に切って、酢水につける。
ゆでたけのこ
さっとゆがいておく。
干ししいたけ 5枚
よく洗って水でもどし石づきをとって一口大に切っておく。
こんにゃく 一口大に切る。
水からゆがいてあくぬきをする。
とりもも 一口大に切る。
さやえんどう 塩ゆでにしておく。
②調味料
かつおのだし汁 カップ3〜4杯。足りない時は干ししいたけのもどし汁を加える。
しょう油 大さじ5
酒大さじ5
さとう 大さじ2.5
ゴマ油 大さじ1
サラダ油
うちのちくぜん煮はゴマ油を入れること。
③フライパンをあたためサラダ油を入れる。とり肉をいためる。
④煮るなべに③を移す。

⑤ ③の後のフライパンでゴマ油を足し、野菜をいためる。

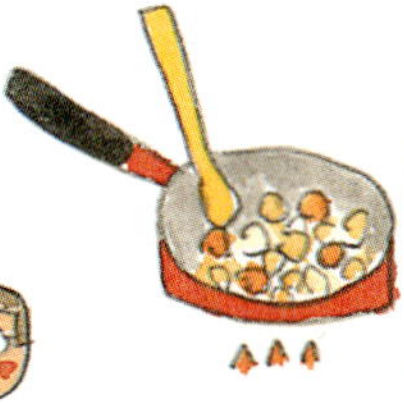

⑥ ④のなべに⑤を入れ、その他の材料と調味料全部入れ、おとしぶたをして煮る。

おとしぶたのかわりに、クッキングペーパーをうちは使ってる。

⑦ 煮汁が底に少しになったら、なべをゆすり、やさしくへらなどで中味をまぜる。煮汁がなくなるまで煮る。

⑧ 数時間置いて食べる。さやえんどうは器に盛りつける時ちらす。

もう一品欲しい時、または
お酒のつまみが欲しい時、
亀田さんに教えてもらったのを。

まぐろのアボカドあえ

①材料と下ごしらえ

赤みのまぐろ

一口大に切る。

アボカド

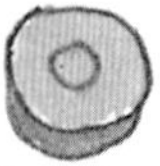

半分に切り
種をとり
一口大に切る。

②調味料

わさび少々

しょう油

酒少々

わさびじょう油を
つくる。

③材料を調味料で
あえる。調味料は
かげんしながら入れること。

一人前ずつ小鉢に
入れて出す。

亀田さんが
アボカドをつぶして
味をつけて、それで
まぐろをあえても
いいといってた。

揚げボールとしらたきの炊いたの

① 材料と下ごしらえ

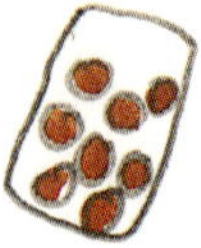

揚げボール一袋

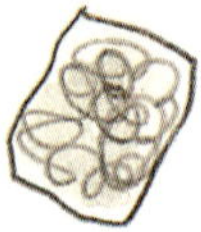

しらたき一袋
切って。

油ぬきをする。

水から煮て、あく出しをする。

② 調味料

だし汁カップ一

しょう油
大さじ一

みりん
大さじ一

③ 材料と調味料を全部
なべに入れて、クッキングペーパー
などかぶせて煮る。

④汁はほとんどなくなるまで煮る。

かまぼこが残ったらちくわを加えて、だし汁カップ1、しょう油大さじ1、みりん大さじ1で煮たりします。大根とあぶらげもこれで煮ます。

夫は料理が出来ないから、お皿を並べてくれる。皿洗いもしてくれる。

休日は夫と昼ごはん。

土・日曜の昼食はたいがい家で食べます。夫が仕事でいない日は冷蔵庫のありもの残り物で、ちょいと自分ひとりのものを作ります。例えば切り落としの肉の炊いたのの残り物がある時は、鍋で温めて卵でとじて、ごはんの上にかけてどんぶり物にしたり、食パンにチーズをのせてオーブントースターで焼いて紅茶ですませたり。いいかげんだけど、これはこれで案外とおいしいのですよ。

夫がいる日の昼食は、残り物だけじゃなく簡単にできるものをプラスします。チーズオムレツや、コンビーフとポテトを炒めたのや。そばやスパゲッティや。

夫と熱海の家に行ってる時の昼食は雨が降らない限り戸外で食べますが、ワインを飲むことも多いので、鶏肉のトマト煮やソーセージとキャベツの酢漬けを煮たのなんか。ほとんど和食は食べません。空気のいい庭で食べると、とっても幸せな気持ちになります。それで必ず太って帰ってくるのです。

残りものやちょちょいとつくれるもの。
ワンディッシュで、感じよく見せる。

ほうれん草と生さけのソテー、
ポテトサラダ、パンとチーズ。

夫の大好きなアンチョビのリングイーネ
たまねぎとアンチョビだけのシンプルなの。
トマトときゅうりのサラダでバランスをとって。

梅干し入り温めん

①材料と下ごしらえ

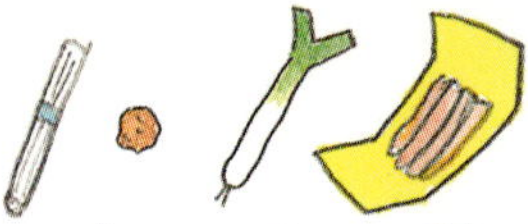

シャブシャブ用の豚肉50gぐらい。二ツぐらいに切っておく。

ねぎ約1/2本 斜め切りにしておく。

塩からくない梅干し一個

ソーメン一たば

②カップ二杯の水をわかす。

③豚肉を入れる。

④火が通ったらボウルにとり出しておく。

⑤あくをとって。塩としょう油少しですまし汁ぐらいのつゆをつくる。

⑥ソーメンをほぐして入れる。

⑦ソーメンが煮えたら、豚肉とねぎを入れ火からおろす。

⑧どんぶりに入れて梅干しも入れる。

残りもののソーセージのピラフ風
①材料と下ごしらえ
ソーセージ3本程
1.5センチに切っておく。
ごはん約一杯弱
たまねぎ1/2
あらみじん切りにしておく。
固型スープの素
大さじ一杯の湯《ゆ》で
とかしておく。
②フライパンをあたため
サラダ油を入れる。
③たまねぎをいためる。
④③にソーセージを
入れいためる。
⑤ごはんを
入れていためる。
⑥といたスープを入れて
かきまぜる。
ソーセージのかわりに、
ハムでもえびでもいい。

りんごの食べ方の絵を
描いていたら、友達から
木箱入り二段詰めの
りんごが届いたのです。
今年初めてのいただきものの
りんごです。

りんごの季節をおいしく。

りんごがおいしくなる時期、いただくことが多いのです。実はりんご好きがけっこう知られているから。毎朝のにんじんジュースに入れるし、ヨーグルトにも入れるし、夜は食後に食べるって言いふらしているので。Aさん、Bさん、Cさんから立て続けに来ることもあり、食べきれないほどたくさん。幸せな気持ちになるのですが、新鮮なままの保存はなかなか難しく、日がたつとシワシワになり当然味も落ち、がっくりします。

それで加工して食べることにしました。手のかかることは続きませんから、一番簡単な電子レンジで加熱が基本の、お菓子やジャムにしています。

ずいぶん前になりますが、『LEE』でパリやノルマンディに取材で行きました。ノルマンディのレストランで、パイ生地にスライスしたりんごを並べて焼いたあつあつに、アイスクリームがのっているデザートを食べました。おいしくて感激。で、帰ってから作ってみたのですが、うまくいきません。りんごをいただく季節になるとあのパイを思い出し、なんとか今度はおいしく作ってみようと努力します。この間もまた作ってみました。うまくできたらここで披露したかったのです。が、残念。いかにシンプルが難しいかということです。

とにかく簡単でおいしく、が私のやり方。手の込んだおいしいは、専門家に任せて食べに行っちゃう。

そこで、りんご入りのパウンドケーキを焼いてみました。電子レンジで作ったりんご煮をパウンドケーキの生地に混ぜて焼くだけの簡単なものです。失敗はほとんどありません。好みですが私は少々酸っぱめのりんご煮を入れるほうが気に入っています。日がたったらトーストしてもおいしい。

基本のりんご煮はビンに入れておき、食べたい時にパイやクレープなどにします。また、煮詰めてジャムにもします。この時期、朝のヨーグルトにも入れます。

私はとても幸せ。

りんご煮

①用意をする。

りんご

1/2にして

1/4にして

皮をむいて芯をとり

1/8にして

いちょう切りに

さとうは いちょう切りの 1/10の量

レモン汁
紅玉は大きめのに対して 1/2個分、ふじなどはもう少し多め

②耐熱ガラスのボウルにりんごを入れ、分量のさとうとレモン汁を入れる。

③ラップでおおって5分から6分チンする。

④よくかきまぜる。

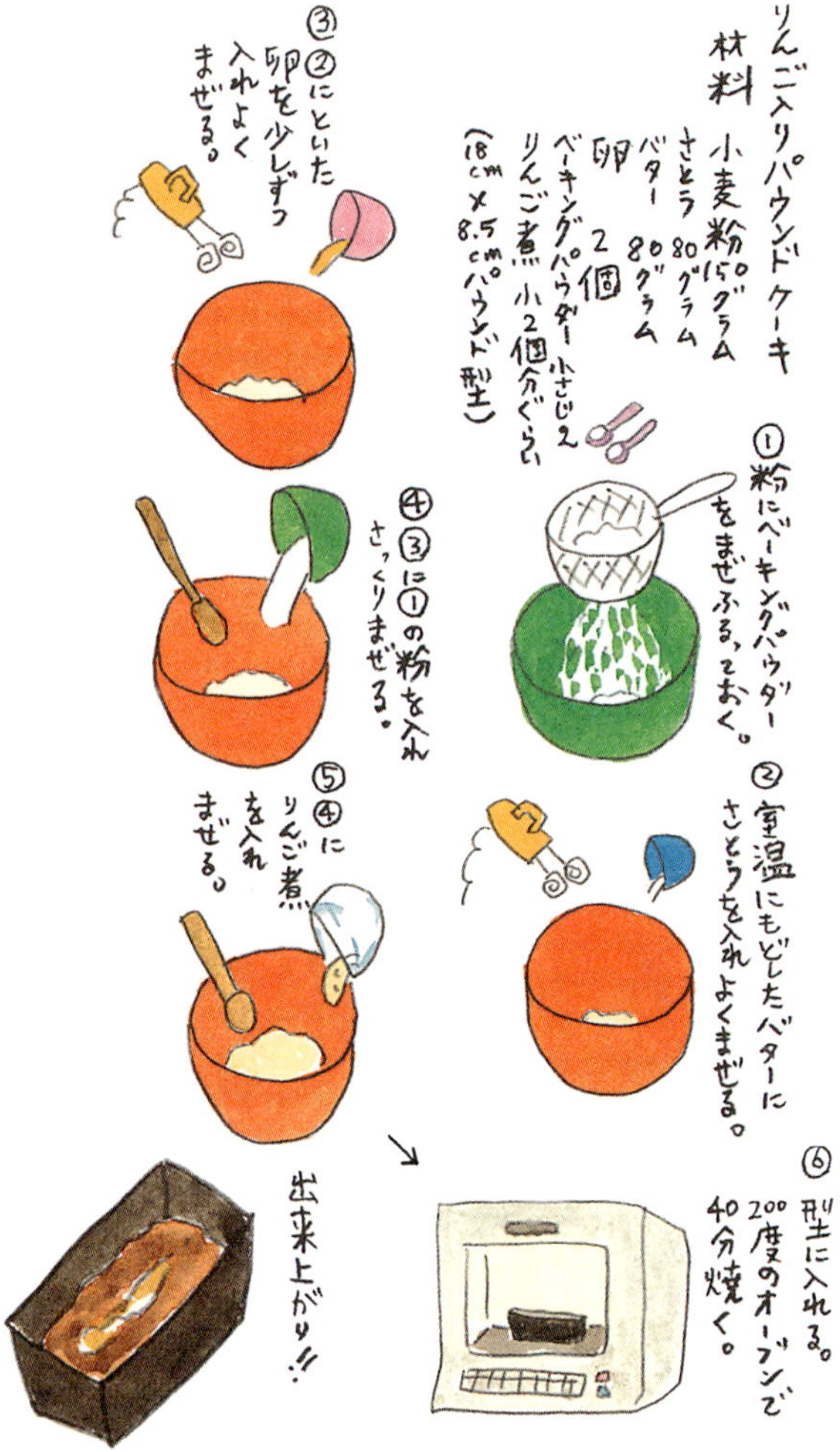
りんご入りパウンドケーキ
材料 小麦粉150グラム
さとう 80グラム
バター 80グラム
卵 2個
ベーキングパウダー 小さじ2
りんご煮 小2個分ぐらい
(18cm×8.5cmのパウンド型)
① 粉にベーキングパウダーをまぜふるっておく。
② 室温にもどしたバターにさとうを入れよくまぜる。
③ ②にといた卵を少しずつ入れよくまぜる。
④ ③に①の粉を入れさっくりまぜる。
⑤ ④にりんご煮を入れまぜる。
⑥ 型に入れる。200度のオーブンで40分焼く。
出来上がり!!

初歩でも楽しめる中国茶。

ずいぶんずいぶん昔のことだけれど、知り合いの女のコが、「プーアル茶というう中国茶を飲むとやせるんです」と教えてくれました。当時、中国茶はあまり飲まれていませんでした。プーアル茶というのは普洱茶と漢字で書きます。やせるという話につられて探して手に入れて飲んでみましたが、なんともヘンな味。カビてるような古くさいにおいがするのです。好きじゃなかったのでやせるまで飲み続けられませんでした。

時々知人たちから台湾のおみやげに鉄

プーアル茶は油分を洗うので
やせるお茶といわれていますが、
飲みすぎると肌がカサカサに
なるそうですよ。お茶を買う
店の人がいっていました。

観音をいただきます。紅茶用のガラスポットで、一応、見よう見まねの洗茶を1回して、お湯をたっぷり入れて飲んでみました。けっこうおいしくて、なくなるまで日本茶には手が出ません。なんていうか飲んだ後味がすっきりなのです。日本の緑茶は胃に重いけど、鉄観音は軽いのです。和菓子は日本茶で、クッキーは日本茶より中国茶でいただくのが好きです。

仕事で香港に行きましたが、中華料理には、当たり前だけど中国茶です。ガラスのコップにお茶の葉を入れてお湯を注いだだけで出てくる店もあり、この場合は飲むと湯をつぎ足してくれます。野蛮ないれ方というかシンプルというか。高級な点心の店では、お茶も選べるし、お茶によって茶器も違いました。とても優雅なのです。まねたいと思ったので茶器とお茶を買って帰りました。それで毎晩中国茶を飲んでいました。

買ってきたお茶が底をついたので近くにある中国茶の店に行き、烏龍と水仙と普洱を買ってみました。烏龍と水仙は鉄観音と同じ半発酵ですが、水仙だけは洗茶しないいんですって。洗茶は茶葉のアクを取って、よりおいしく味わうためにするのだそうです。ということは水仙はアクがないのでしょうね。知人が、中国茶は奥が深いからハマると言いました。私も少しハマりかけているのです。

〈わたしのいれかた〉

① まず湯を沸かす。
（正しくは茶器をこの湯で
あたためておくらしい）

② 中国茶用の
急須に茶葉を
1/3弱（まるまっていて
重いの）または1/3強
（細長くて嵩が
あるもの）、入れます。

③ 熱湯を
②に入れます。

④ ふたをして捨てます。
これを洗茶といって
お茶のアクをとるのだ
そうです。しなくてよい
茶葉もあるので、買う
時に確かめています。

⑤熱湯を入れます。

⑥ふたをして蒸らします。鉄観音や烏龍は1回め30秒、2回め1分、3回め2分ぐらいだそうです。

⑦ピッチャーに入れます。きっとお茶の濃い薄いがないようにだと思います。

⑧ピッチャーから茶碗もしくは湯のみに入れて、飲みます。

こんないいかげんないれ方でもけっこうおいしいのです。あまりむずかしく考えない方が楽しめます。

茶器は日本茶用ので十分です。

これは昔どこかの古市で買った小さな茶碗です。

〈最近買ったお茶〉

ごはんの時でも飲めるお茶が
欲しいといったら台湾産ばかり。

冠軍文山包種

鉄観音

お食後か
お茶の時間用です。
凍頂烏龍

〈急須を使用しない場合〉

① ふたつきの茶碗に
茶葉を入れて、熱
湯を入れます。

② ふたをして蒸らします。

〈簡単にいれられるお茶〉

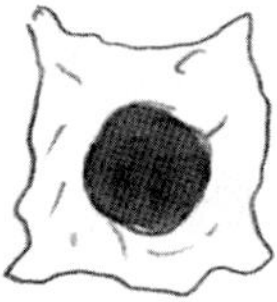

薄紙に包んだ
まるくかためた
お茶。
包みから出して
カップに入れて湯を
そそぐだけみたい。

ティーバッグになって
いるので、
ポットで
いれます。

③人さし指でふたをずらして、
茶碗にそそぎます。

〈ふたつきマグカップ〉

ふたつきのマグカップは、上のようになっています。

茶こしの中に茶葉を入れ湯を注いでふたをして蒸らして、ふたを逆さにして茶こし置きにし、カップのお茶を飲みます。

中国茶はみんな片手で飲んでいました。日本茶のように手をそえては飲まないみたい。でも別に作法というわけではないので、好き好きに。

香港のお茶やで試飲した時、小さなドライいちじくを切ったのを出してくれました。お茶とドライいちじく、よく合うのです。

イチゴジャムを作る。

夫がどなたかの結婚披露宴で、隣の席の男の方から、イチゴジャムの作り方を教わってきました。イチゴの季節だったので、試しに作ってみようということになりました。電子レンジで作るので、ずいぶん簡単のようでしたから。

まずイチゴをワンパック、よーく洗って水気もふいてヘタも取って耐熱容器に入れます。イチゴの½量の砂糖を入れ、レモンを½個分絞って、サラダオイル↘を1滴たらして、チン。それでジャムができるというのですもの。私は以前、ホウロウ鍋にサラダオイル以外の材料を入れて、コトコトコトコトコト煮るやり方で、イチゴジャムを作ったことがあります。火のそばについていなければならなかったので、わりあい面倒。チンでできるなら早いし、焦がす心配もなくてよいのです。それでやってみました。結果はよくできました。パチパチパチパチ。何回か楽しんだけど、このジャムの作り方は、電子レンジのクックブックに載っていたものと同じでした。

友だちのイラストレーターの柳生《やぎゅう》まち子さんが福音館書店から出されている『クマくんのおいしいほん』の『バタつきパンのジャムつきパン』の中に、鍋で煮る作り方が載っています。同じ分量ですが、レモンは入れません。電子レンジと違うところは、煮詰めている時、アクを取ることでした。電子レンジより10分ぐらい煮る時間が長いことが違うことかな。この本を作っていらっしゃる時に手紙をいただきましたが、分量が心配だったので、シーズンオフの値段の高いイチゴを買って、作ってから書いたの、とありました。

近ごろ私は甘いペストリーより食パンをトーストして、おいしいバターとジャムやマーマレードをつけて食べる朝食が好きです。食パンは近くにできたパン屋のがおいしいし、バターはカルピスバターです。マーマレードは、伊豆は下田の津田さんという人が作っているのがおいしいので、それ。

イチゴも近ごろはハウス物が多い。だから、寒いころから出回っています。でも一応シーズン中のイチゴにこだわって、チンでジャムを作ろうと思っています。

電子レンジでいちごジャムをつくる。

① いちご1箱
よく水で洗う。

へたをとる。

水気をとる。

② 砂糖は、いちごの1/2。
甘くないのが好きな人は加減して。

③ レモン1/2個。
しぼる。

④ サラダ油。
一滴ぐらい。

⑤ 材料全部を耐熱容器に入れる。

⑥ そのまんまチンを15分ぐらいする。

⑦ 出来上がり

私の好きなマーマレード。
無農薬の甘夏で
出来てる。上品なお味。

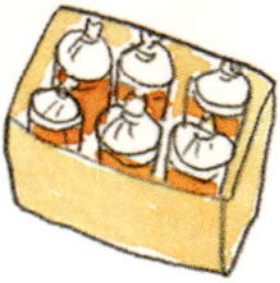

静岡県下田市の
津田香代子さんの
マーマレードは、宅配
便で手に入れている。
〇五五八ー二八ー一三五五

「柳生まち子さんの「クマくんのおいしいほん」は箱の中に「バタつきパンのジャムつきパン」と「はちみつぶんぶんケーキ」の二冊が入っている。

柳生さんはジャムづくりが上手。前にルバーブのもいただいた。色はきれいじゃないけど、おいしかった。

朝食は一日の活動源になると私は思う。
だからおいしいパンやジャムを手に入れる
努力はしたいと思う。

たけのこは皮付きをゆでるのがおいしい。

熱海の山の家の庭にたけのこが出ます。そのたけのこを、ゆでていろんな料理に使うのが楽しみです。実はこの熱海のたけのこ、有名な京都のたけのこに勝るとも劣らないおいしさなのです。だから時期が来ると、なにを差し置いてでも熱海に行きます。

4月に入ると一番目に出てくるたけのこがおいしいと教えてもらいました。たけのこは先がチラッと土の上に出て見えてるか、土を持ち上げているぐらいのを、掘り出します。土から出ていても5㎝くらい。10㎝も伸びているのは味が落ちるのだそうです。だからおいしいのを探すのは慣れないと難しい。

運がよければ、うちの庭でさえ7本は掘り出せます。すぐに洗ってゆでます。うちには友だちからもらったキャンプ用のでっかい鍋がありますから、それでゆでています。

皮を削ってゆでやすいようにしますが、自分でゆでてわかったのは、先っぽの姫皮がこれまたおいしいので、削り方に注意を払います。

ゆでる水ですが、米のとぎ汁が一番という人もいます。私は米ぬかを入れてゆでます。漬け物用の焼きぬかより、生ぬかのほうがよいと思う。それにたかのつめ(赤唐辛子)を入れる。

ぬかも赤唐辛子もアク抜きのためだと思います。買ったゆでたけのこは、えぐみがまったくありませんが、自分でゆでると、どんなに取りたてでも、少々えぐみは残ります。それがおいしい。

また、うちの庭には2本も山椒の木があります。たけのこには木の芽がつきもの。あのみずみずしい緑色と香りは欠かせません。この自然の恵みに感謝していたら、近所の方がおいしい佃煮をくださいました。嫁菜《よめな》という草のような植物の先だけ摘んで、しょう油と酒で煮たのだそうです。嫁菜探しをしました。山道にたくさん生えていたのです。4月、5月の自然の恵みに私は元気がもらえてるのです。

下ごしらえ

よく洗ったら、
まず根を削りとる。

皮だけの部分を
おとしてしまう。

鉛筆のように。
何か所かにたてに
切り目を入れる。

ゆで方

大なべにたけのこを入れ
浮くぐらい水を張り、
ぬかとたかのつめを入れる。

たけのこが浮かない
ようにくふうして、
おとしぶたをする。
このくふうがむずかしい。
私は皿を置いたり
なべの手と手にひもを
通して押さえたりする。
最初は強火、後は中弱火。
約一時間煮る。

火を止めて五・六時間
置く。

調理1
水煮したものを使い分ける。
姫皮とやわらかいところとかたいところ。
みそ汁に
煮ものに
炒めものに
調理2
煮もの
①たけのこ約300グラムをかぶるぐらいのだし汁としょう油大さじ2杯、砂糖大さじ1杯、みりん大さじ1杯で煮る。
②干しわかめは適当の大きさに水でもどして、切っておく。
③汁が半分ぐらいになったら火を止め、そのまんま置いておく。味をしみこませる。
④食べる直前に火にかけ、②のわかめを入れて煮る。
⑤器に盛り木の芽をちらす。

たけのこは皮付きをゆでるのがおいしい。

夫だって作れる冷やしうどん。

ずいぶん前になるけれど、同じ年の友人のご主人、Ａさんがイタリア料理を作ってくださった。とてもおいしかった。やはり同じ年のご主人、Ｂさんがクレープ料理をしてくださった。とても上手だった。

夫は小さいころ、男は台所に入るものじゃないと言われて育ったそうです。だから料理はしません。でも同じ年の友人が作って楽しませてくれて、ショックだったようで、俺は料理はできないんだなんて友人たちに弁解しました。そしたらそんなの甘えている、作る気がないから作れないんだ、と奥さんたちに笑われました。それで夫にも作れる簡単な料理、

夫はゆっくり
丁寧に細かさを
そろえるように
切る。

冷やしうどんを教えたのです。

料理でもなんでもできないことはありません。作ろう、しようと思わないからできないだけです。実際、夫の初めての料理の冷やしうどんは友人たちに大好評。ホラね、できるじゃないの、と言われました。夏になると友人たちにアツオさんの冷やしうどんおいしかったねぇと言ってもらう。でもここ数年みんなを呼ぶ機会がありません。今度の夏は作ってもらおうかな?

実は私が作るよりおいしいのです。どうしてかというとていねいなのです。例えば薬味のねぎの切り方が揃っている。切り慣れないと揃わないと思うじゃないですか。でも子供じゃないからゆっくりならできるのです。うどんをゆでるのも、冷水でぬめりを取るのも、ていねいに手を抜かず。だからおいしい。私のは手早いけどいいかげんですからいいかげんな味です。冷やしうどんは夫に一目置いています。

暑い夏の昼食はたまには手抜かずの冷やしうどんもいいのです。

だしのとり方

① 水に昆布を入れて火にかける。ふっとう直前に昆布をあげる。

② ①に削っただし用のかつおを入れる。

③ ②をこす。

④ しょう油と塩で味をつける。つけ汁は濃いめです。私は甘いのが苦手で、いつも砂糖なし。

市販のつけ汁も、おろし大根や、レモンを入れると味がよくなる。

⑤ 火を通して、冷まして テーブルの上に。

薬味を用意する。

細ねぎ 小口切りに。

しょうが すりおろす。

大根 おろす。

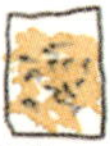

おかか こまかく削って袋に入っているもの。

レモン しぼりやすく切る。

しその葉 みじん切り。

干したうどんを用意する。

うちは稲庭うどんの普及版のもの。

うどんのゆで方

① たっぷり湯を沸かしうどんを入れる。

② ふきこぼれそうになったら水を入れる。

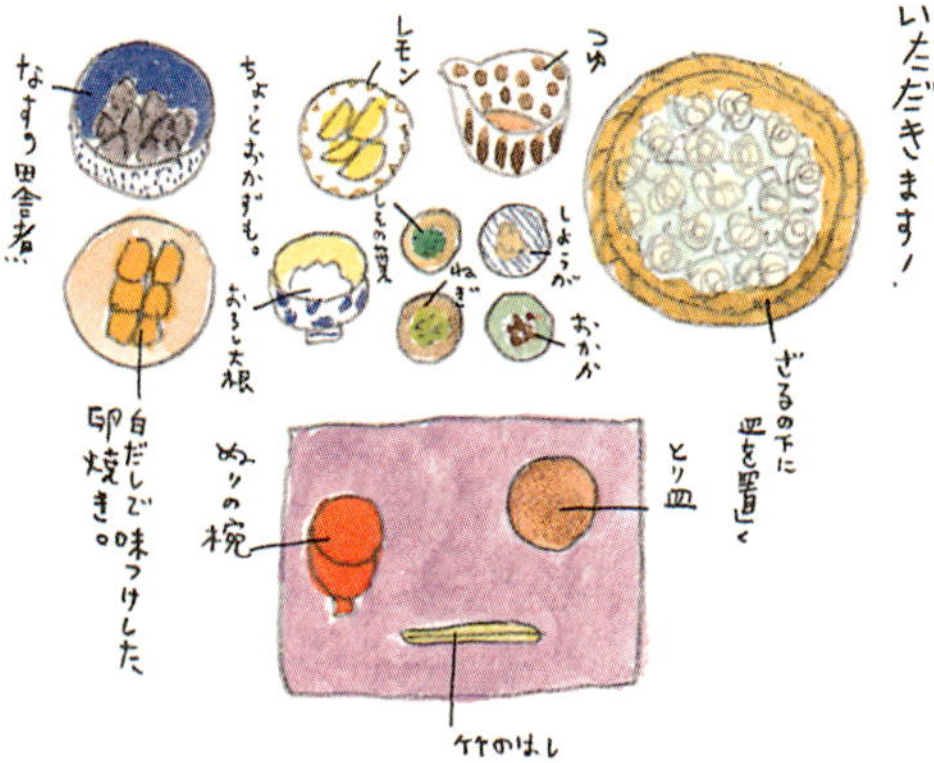
いただきます！
ざるの下に皿を置く
つゆ
しょうが
おかか
ねぎ
しその葉
レモン
おろし大根
ちょっとおかずも。
なすの田舎煮
白だしで味つけした卵焼き。
とり皿
ぬりの椀
竹のはし

③夫はうどんの袋に書いてあるゆで時間を守る人。
④ゆであがったらざるにあげ、冷水にとり、熱をさまし、新しい冷水と替え
⑤水の中でもむようにしてぬめりをとる。二回くりかえす。
⑥水を敷いたざるに一つまみずつのせていく。

3.

４つのキッチン物語

私の4つのキッチン。

’83年に世田谷の家を改築したのは、中学生の息子のことや、台所の使い勝手がよくなかったことがあってでした。

　同居して息子の面倒や家事を手伝ってくれていた母とは、別々に台所を持つことにしたのですが、母にすっかり頼っていた食事の用意を、私がすることで、息子と少しでも距離を狭めたいと考えたからでした。

　食生活は家族のつながりの基本と思うのはオーバーでしょうか。けれど母だけの台所を作ったということは、家族という輪から追い出したことになったとも言えたのですが。その時点では息子を大事と考えたので、そうするしかなかったのでした。

　それで私の家にはここに紹介していないもう一つの台所があるのです。母はその台所で生活をし、私は私の台所で生活を重ねてきました。母は私たちの手伝いをしなくてよくなってから、趣味を楽しんでいます。息子は成長して家を出ていき、今、私は夫との生活のために私の台所に立ちます。

　’83年の改築は建築家の永田《ながた》昌民《まさひと》さんの狛江の知人の家の仕事を見て頼みました。その後、狛江の家を友人が借りましたので、時々遊びに行きまして、オープンキッチンの使いよさを知りました。

’90年の熱海の家もやはり永田さんに作

ってもらいましたが、狛江のようにオープンキッチンで、とお願いしました。

この熱海では、二つ台所を作りました。1階には来客用を、2階には生活用を。

2階の台所が私の望んでいたオープンキッチンでした。利点は食事の支度をしながら家族と話せるし、テレビを見られること。それから居間のほうを見て料理をするので、視界が広くて気持ちがよい。欠点は台所の散らかりようが見えてしまうことかな。1階のテーブルにくっつけたシンクやガステーブルは、今のところ活用していません。

'96年に渋谷に中古のマンションを事務所用に求めました。内装をまた永田さんにお願いしました。ここでもオープンキッチンを取り入れてもらいました。さりげなくお茶をいれて出せる、が狙いでもありましたが、できるだけ広い部屋取りの考えもあったのでした。

私は台所が好きです。合理的な台所もいいけれど、大きな台所部屋にも憧れます。

来客に、散らかったキッチンを見られたくなかったので、独立型を希望して作ってもらった。かなり長いＩ型だから、慣れるまで使いにくいような感じがあった。

'83年　世田谷

'90年　熱海（１階）

友だちが来たら使ってもらえるように、また来客のお茶をその場で出せるようにと思って、シンクとガスレンジをテーブルに仕組んでもらった。

熱海（２階）

２階の生活用のキッチンは、居間兼食堂にあるので、オープンキッチンにしてもらったら、働くのが楽しい。

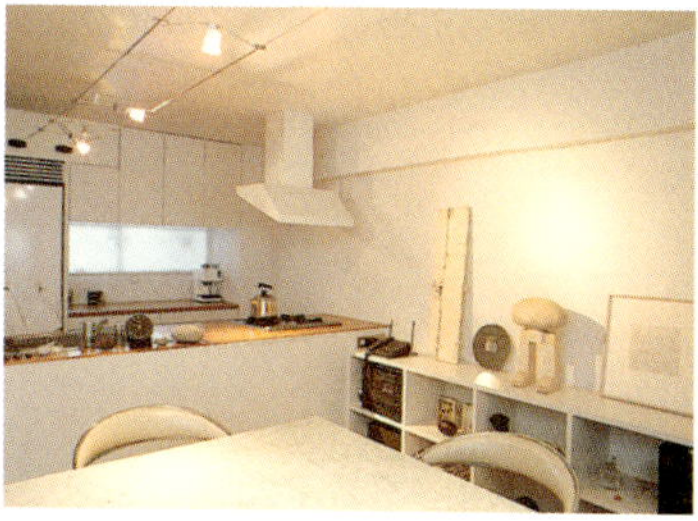

'96年　渋谷

来客と話をしながら、お茶をいれたいので、オープンキッチンにしてもらう。以前は来客に断って独立型のキッチンに立たなければいけなかった。話の途中で立つタイミングはなかなか難しかった。

家族と過ごす世田谷のキッチン。

今私にとって台所は楽しい居場所、ないなんて考えられないぐらい、重要な仕事場です。家の大きさにしては立派な台所と思っています。もちろんスペースのことですが。なにしろ家はマッチ箱みたいにコンパクトで、居間以外の部屋は小さい。

この台所を手に入れてから、料理が少

し上手になったと思います。家族の健康は台所からなんて言っちゃって、頑張っていますし。

　今は夫も台所に入ります。主に後片づけをしてくれます。I型の通路は通常より幅があるようで、ふたりでも窮屈ということもありません。この台所のもう一つの利点は出入り口が居間側と食堂側にあることです。用事がしやすいのです。

独立型のキッチンは、
散らかっても客に見え
ないからいいけど、一人で
台所仕事をしていると
さびしいものよ。

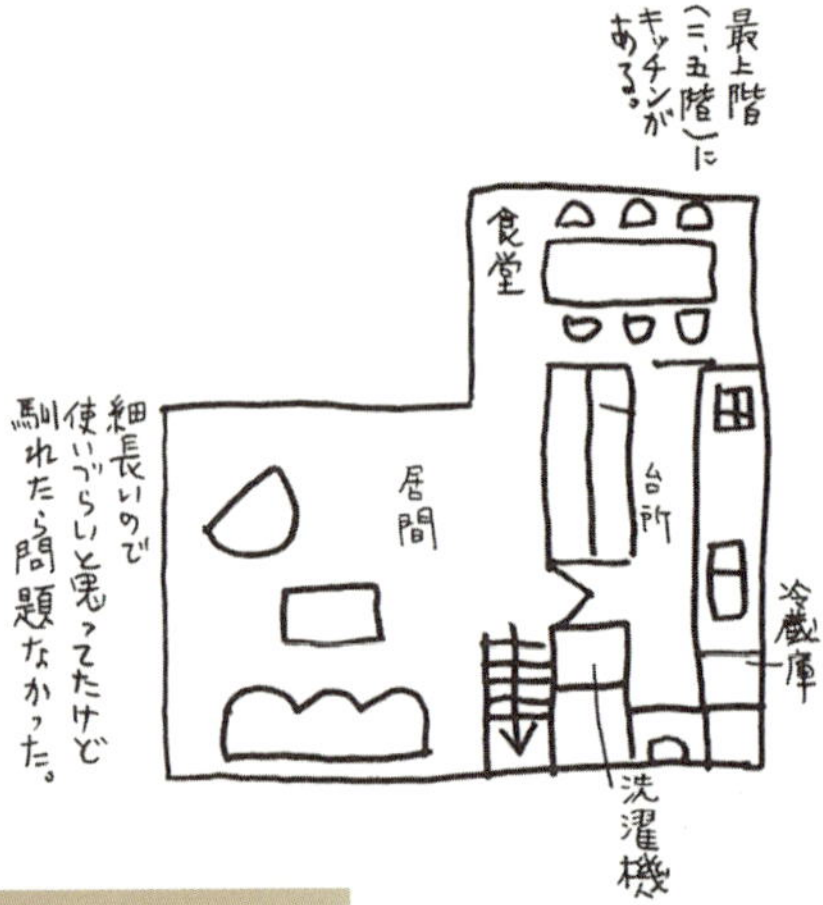
最上階（三、五階）にキッチンがある。
食堂
居間
台所
冷蔵庫
洗濯機
細長いので使いづらいと思ってたけど馴れたら問題なかった。

ガスレンジ、シンク、
冷蔵庫と続く細長い作り

突き当たりの扉の奥に洗濯槽がある。ゾウキンを洗ったり、汚れ物の浸け置きに使っている。左奥に冷蔵庫。冷蔵庫から出したものを洗って、切って、鍋に入れ、火にかける。

キッチンにつながるダイニング

食事は必ずここでします。来客もここでもてなす。テーブルは6人用、だから椅子も6脚。6人以上のお客さんはしませんが、私の料理も6人前が作れる限度。ちょうどよい狭さのダイニング。

できるだけ隠す方法を講じる

スパイスはガスレンジ横に

引き出し式のスパイス入れは、かなり容量がある。だから全部しまえる。ただ細かいものなので時々整理が必要。

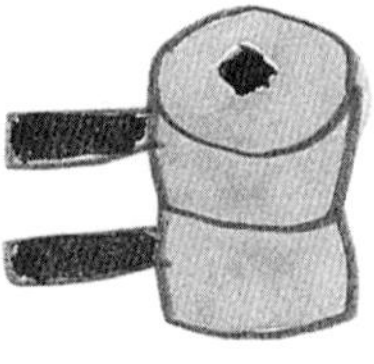

家電は定位置を作って収めていた

収納棚は手持ちの電化製品の寸法を測って作りつけてもらったのだったけど(はみ出している小型オーブンは後で買ったもので、今はない)、新しく電子レンジオーブンに買い替えた現在は事情があり、扉が閉まらなくなっている。

たっぷり作られた収納戸棚

買い足しても十分収納できる食器棚。かなり奥行きがある。ただ、奥にしまったものはなかなか使わない。

2つつながった白いホウロウのシンク

硬い素材なのでちょっとぶつけても食器が割れてしまうのが難点。使い慣れれば割る回数は減るけれど。

コンパクトな収納法の基本、「重ねる」

収納しやすいものを選ぶ。特殊な形のものは重ねてしまえないので、買わないようにしている。

本当は台所をひと部屋にすると居間が小さくなることもあって、いわゆるLDK、居間食堂台所の区切りをやめたのだったと思う。で、それなら興味のあったオープンキッチンを、と設計をしてもらったら、とても使いやすい台所ができたのでした。心配は台所の中の散らかりが居間からも見えることでしたが、手もとが見えないようにしてもらったので、大丈夫。この家では台所仕事が明るいのです。煮物をしながら本が読めるとか、テレビを見ながらお皿を洗うとか、夫にヘルプしてもらいやすく助かるとか。ますます台所が好きになったのでした。

夫とふたりで過ごす熱海のキッチン。

スパイスと調味料をまとめる

上はスパイス入れ、下は酢やみりんや酒のようなビン入りの調味料入れになっている。熱海では複雑な料理は作らないから、この程度ので十分。

炊飯器ももちろん収納

永田さん(建築家)は世田谷の家同様、炊飯器の収納場所を作ってくださった。こういう配慮は、キッチン大好きな私にはとてもうれしいこと。

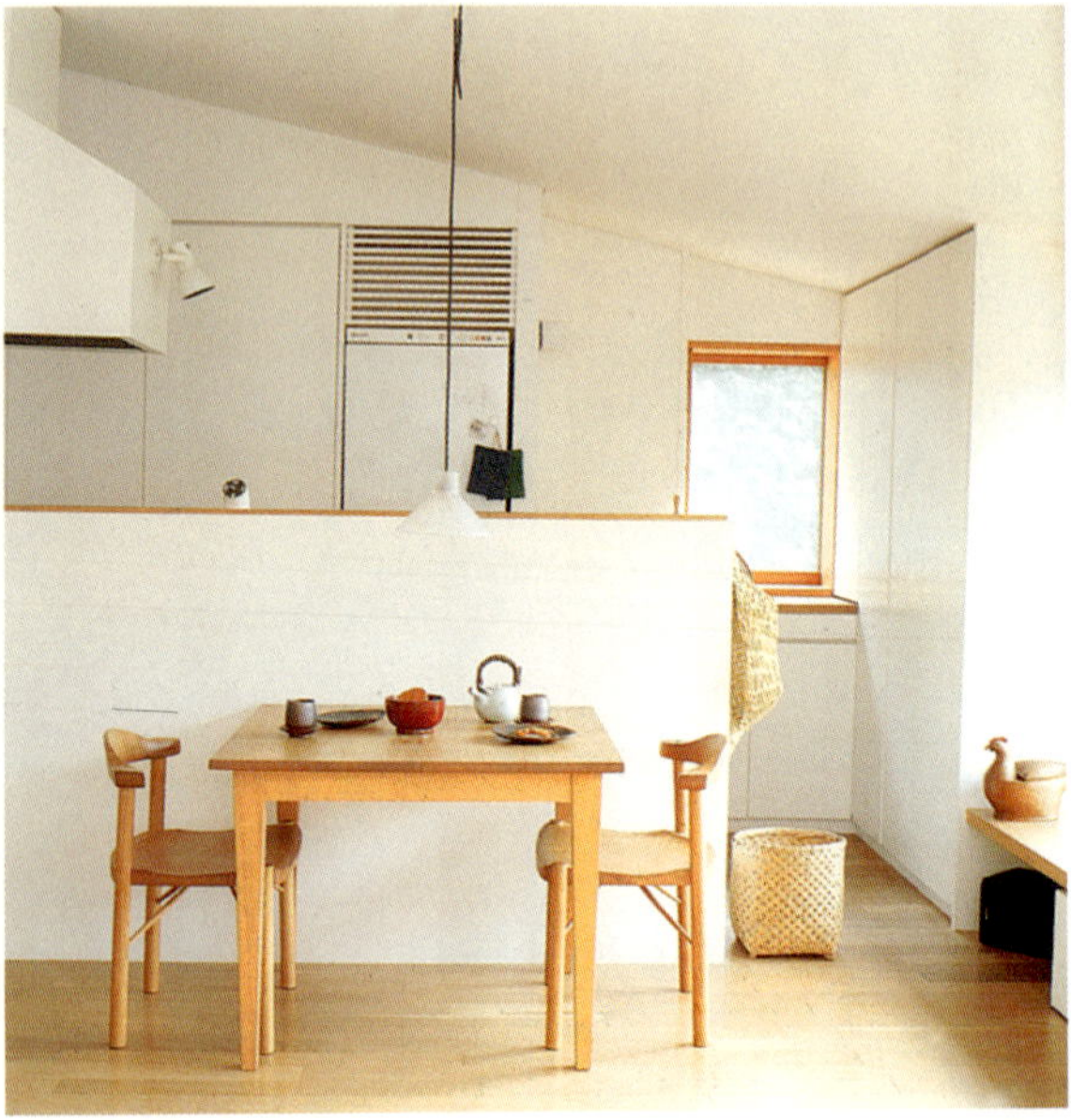

オープンキッチンは働きやすい

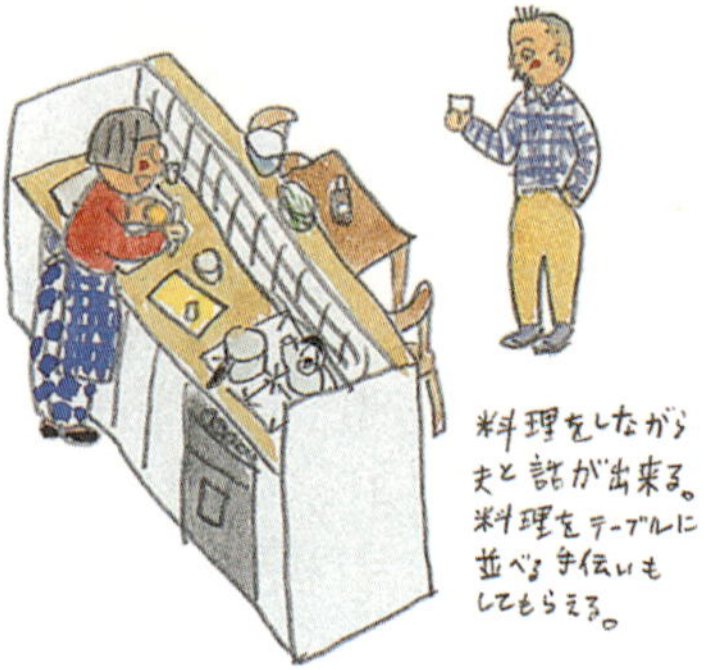
料理をしながら
夫と話が出来る。
料理をテーブルに
並べる手伝いも
してもらえる。

シンプルで見やすい収納部分

たまたま戸袋の内側だったので浅い食器棚になったのだと思う。ミート皿が入るぐらい。小鉢なら２列ぐらい。出し入れがしやすいのでとても具合がいい。

山の家に合う色の食器を愛用

白い食器を用意したけれどしっくりしなかったので、色ものを少しずつ増やした。周りの様子によって食器も変えたくなるものだ。

泊まった友人が使う
テーブルキッチン。

この家の新築祝いにごく親しい人に集まってもらいましたが、その時にテーブルで田楽鍋を温めました。実はそれが一番活用したことなのでした。それ以後はお湯を沸かすぐらい。友だちが来た時の台所と考えていたけれど、友だちが長居することがなかったので、使いきれていないのが本当のところです。

でも1階にお茶ぐらい沸かせるミニキ

ッチンを設置するつもりでしたから、キッチン付きのテーブルが作れたのは、楽しいことが実現できたことなのでした。

このテーブルで朝食や昼食を食べることも多い。場所を変えて食事をするのは気分がいいのです。

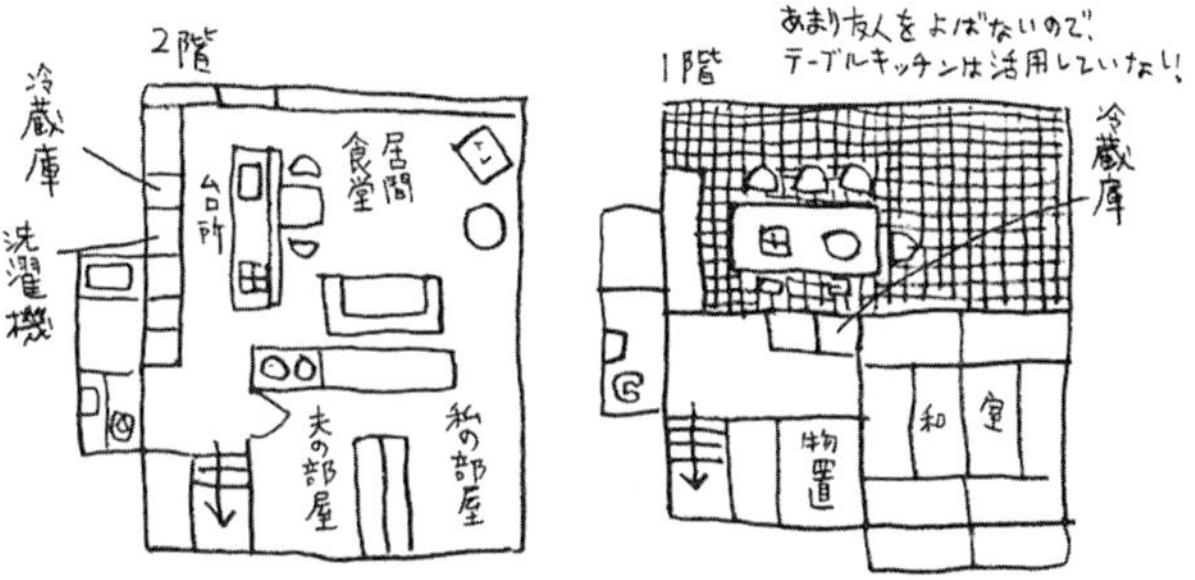

123　泊まった友人が使うテーブルキッチン。

1階でのキッチンは人の輪が中心

大きなキッチンテーブルが1階の中心

大勢のお客さんは、1階ですることにしたので（2階はふたり用）、大きいテーブルは1階にと考えた。テーブルにキッチンを仕組むアイデアは私ではありません。

小さなシンクとヨット用ガスレンジ

1階にミニキッチンを作るのなら、いっそテーブルにどう？　と建築家のアシスタントの人がアドバイスをくれたので、そのアイデアをもらった。

朝食は２階から１階に運んで

朝は早起きして夫は庭仕事をしますから、きりのいい時１階で朝ごはんを食べる。ミルクティーなどをトレイで運ぶ。食後、夫は庭仕事に戻る。

ミニ冷蔵庫も収納内に完備

来客用の飲み物用冷蔵庫。ワインとビールだけしか入れません。ただ、ほとんどお客さんはありませんので、入れっぱなしのものも多くなる。

キッチンの照明は換気扇の中に

調理する時は手もとの明かりが大事。でもどこがよいかわからない。だから設計する人に任せっきり。出来上がったらここに隠してあった。

 泊まった友人が使うテーブルキッチン。

仕事の人と向かい合う渋谷のキッチン。

熱海の家以来、オープンキッチンにハマっていました。もしも仕事場を持つならオープンキッチンにしようと決めていましたから、古いマンションをリフォームして仕事場に使うことにした時、迷わずオープンキッチンにしてもらったのです。メリットはいくつかありますが、仕切りがない分、部屋が広々見えるのも一つです。もちろん来客の前でお茶の用意ができて、来客もリラックスできるようでよいのです。

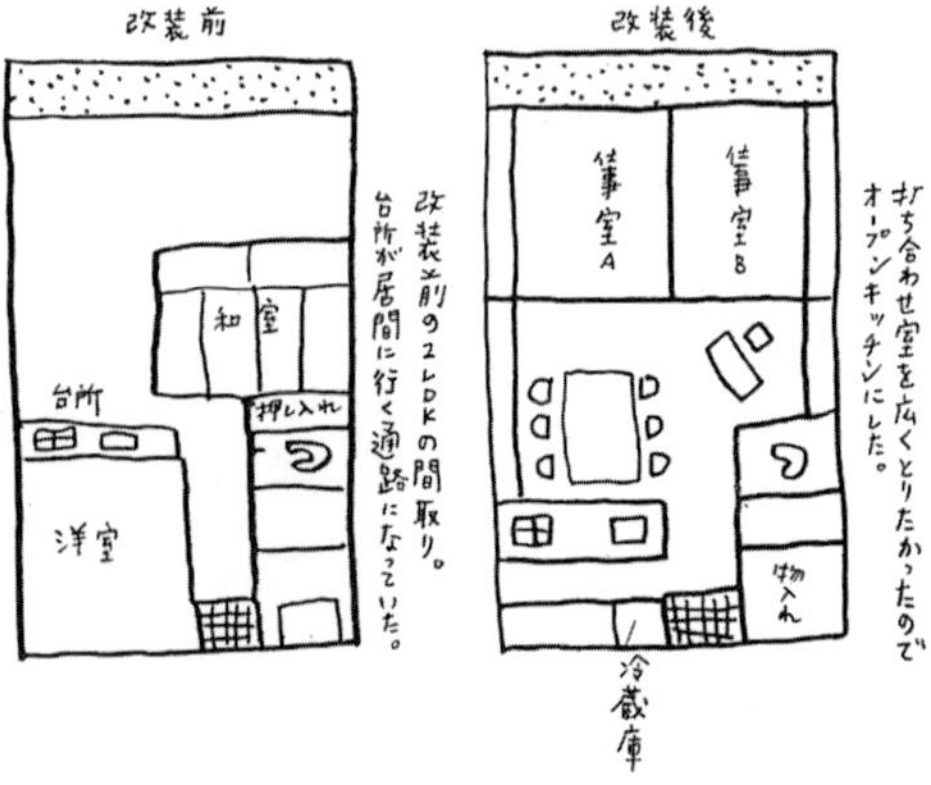
改装前
和室
台所
押し入れ
洋室
改装前の2LDKの間取り。台所が居間に行く通路になっていた。
改装後
仕事室A
仕事室B
物入れ
冷蔵庫
打ち合わせ室を広くとりたかったのでオープンキッチンにした。

配膳台もあり、たぶんふたり暮らしなら十分なキッチンと思います。いずれそういう暮らしをここでするかもしれませんから。キッチンは大事。

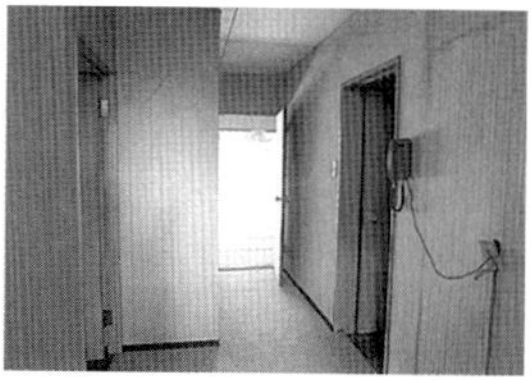

リフォーム前

25年以上も前のマンションを改装して使うことにしたのは、すべてを取り壊しても惜しくないと思ったから。一からの部屋作りでキッチンの位置も移動した。

キッチンは暮らしの中心、気持ちのよりどころだと感じる

来客と話をしながらお茶をいれます。
初めての人はそれでリラックスしてくれることもあるみたい。

使いやすいステンレスのシンク

シンクは掃除のしやすいことが一番大事と思う。ステンレスなら毎日さっとぬぐっておけば、汚れはこびりつきません。もちろん磨けば、気持ちよくピカピカ。

収納は上部とカウンター下にたっぷり

仕事場で食事は作りませんから、調理道具は少ないし、食器類もあまり置いていません。なので収納棚の中は余裕がある。出し入れがしやすくてなかなか快適。

オーブン&グリル付きの
ガスレンジ

熱海に日本製のを入れてもらって、世田谷のドイツ製と比べるとずっと賢い機能付きに感心した。それでここにも同じものを選んだ。

小さいながらも
最低の機能は完備

キッチンの棚は少し奥行きもあり、コンパクトながら容量もある。使うものだけにしてよけいなものは持たないから十分と思っている。

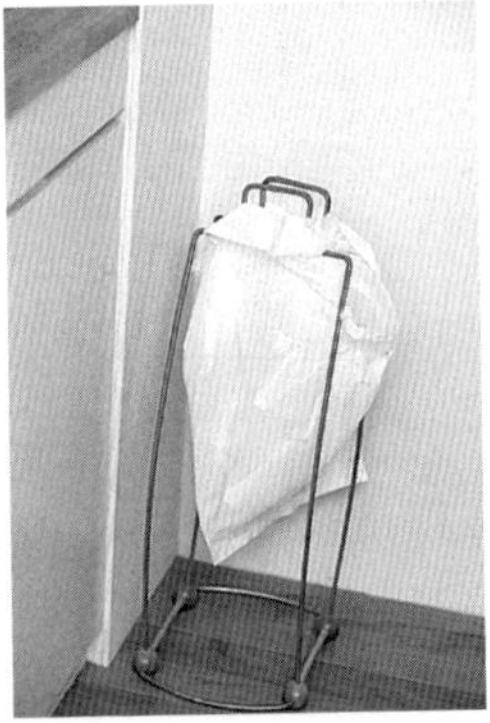

袋をかけて使う
ゴミ袋用スタンド

買い物すると入れてくれるポリ袋。もちろん持ち込みバッグが正しいんだけど、忘れる。そのポリ袋をゴミ袋にしよう、と買ったもの。ちょっと難あり。

シンプルな冷蔵庫

東欧の冷蔵庫はサイズが変わらないので、買い替えても元の場所にちゃんと収まるのがいい。デザインもシンプルで色も白があり、見えても気にならないのもいい。

すっきりしたデザインのエスプレッソマシーン

お店でエスプレッソをいれてもらったらおいしくいただけたので、思わず買ってしまったマシーン。ミルクを泡立ててカプチーノも作れる。

4.

私の好きなモノ

私が使っているキッチン用具。

私、キッチン用具が大好きです。いいものを見つけると間に合っていても欲しくなります。だから今使っているものに至るまで、私なりの取捨選択で(ちょっとオーバーですが)、たくさん捨ててきました。最初からいいものを選べればそんなムダはしないですんだのですが、私の場合はなんでも一歩一歩。そうやってしかいいものがわからなかった。仕方がありません。だって毎日使うものですからこだわりたいのです。

だから、雑誌のキッチン用具(品)特集はファッションページより好きでファイルまでしています。よさそうなものを見つけると買ってしまうことは今も多い。買ってよかったと思うものは多くないのに(使いにくかったりで)、懲《こ》りずに繰り返しています。

キッチン用具は奥が深いし、おもしろい。それというのは道具だからでしょうね。使いやすいはまず第一だけれど、形の悪いのや色がよくないのは気持ちが悪いじゃないですか。例えば、柄《え》のついた鍋一つ選ぶにしても、私は柄の握り具合、火の通り具合、手入れしやすいか、材質はよいか、柄も鍋の形もバランスがきれいか、そして品がよいかをチェックします。デパートのキッチン用具売り場にはたくさん鍋が置いてありますが、選ぶとなると一つか二つぐらいかな。

私の使っているのはアメリカ製ですが、日本製の打ち出しのも煮物がおいしくできそうで好きです。でもアメリカ製のでも間に合いますから、打ち出しのは買いません。できるだけ物は少なく、が理想ですから。

今使っているのより、よい電気魚焼き器を探しています。うちは魚を頻繁に焼きます。簡単に洗えるのはないかしら。

また、買って失敗の大型キッチン用具はオーブンレンジ。だって、なぜか電子ノイズ漏れ防止の部品を後でつけなくてはいけなくなって、収納スペースに入りきらなくなってしまいました。

というようなわけで、私のキッチン用具はまだまだ完璧ではありません。でも、いいものを見つける楽しみがあってうれしい。

フライパン
一応こげつかないよう
コーティングされています。

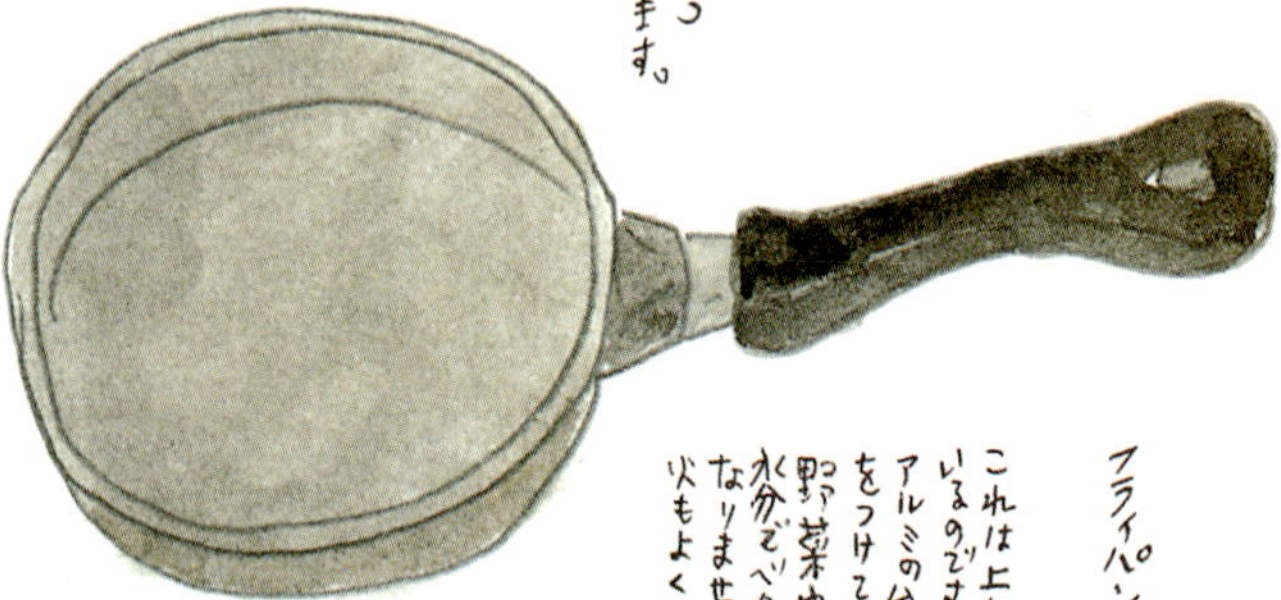

フライパンのふた(フード)
これは上に穴が開いて
いるのです。それから下に
アルミのムロのようなもの
をつけて使います。
野菜や肉を焼いても
水分でベタベタに
なりません。
火もよく通る。

ふつうのふたです。
蒸し焼きにする時に
使っています。

重いフライパンを
使っているので、
持ちあげる時は
両手を使う。

ビタクラフトの鍋。
ふた
火力は中で大丈夫。
多層構造だからだそうです。
クレンザーも専用がある。
ふた。
蒸しなべ
フライパン
ちょいと
蒸しものをしたい時に。

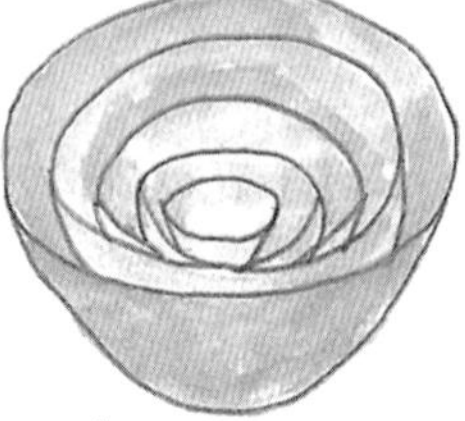

5つ重ねの
ステンレスボウル。
25年は使って
います。
これはすぐれ
ものです。

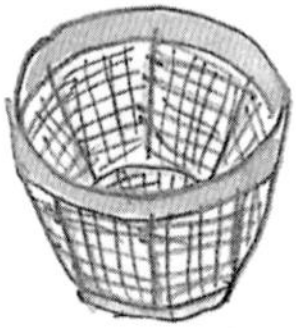

昔からある
形のざる。
これが一番
使いよいです。

量り。
ずーっと使っているので
多分今は売っていない
形のものと思う。
棚にしまう時のことを
考えて、コンパクトなものを
選んだのだった。

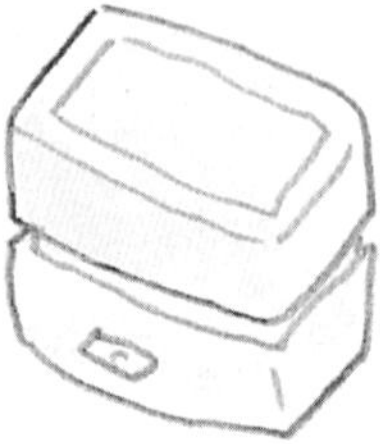

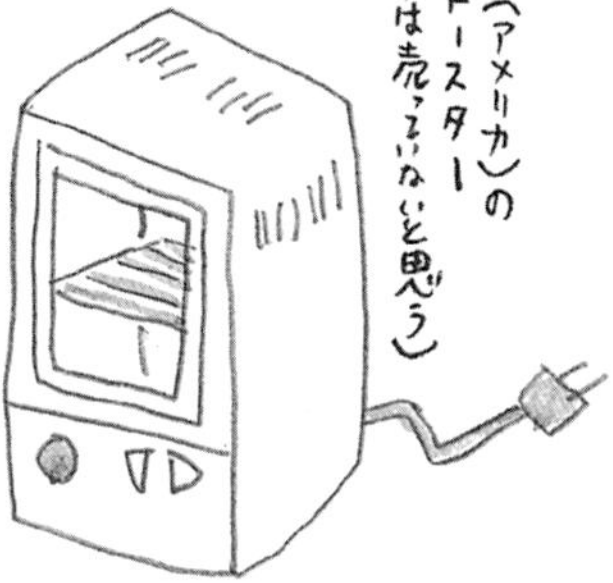
シアーズ（アメリカ）の
オーブントースター
（多分今は売ってないと思う）
30年ぐらい使っていますが、
ぜんぜんこわれません。
棚にしまうのにたて型が
うち向きです。

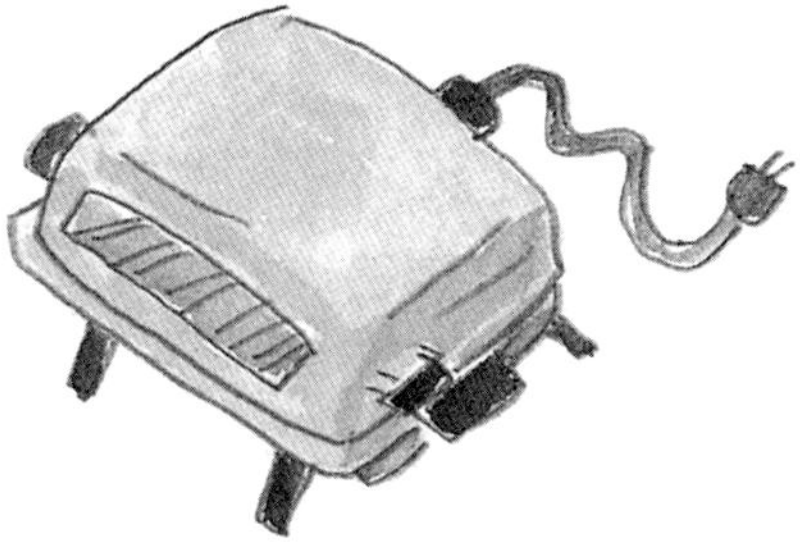
うちは電気魚焼き器を
使っています。
なにしろドイツのガステーブルです
から、魚焼き機能はついていない
のです。だから電気魚焼き器。
ちゃんといい具合に焼けます。

うちで使っている
包丁とナイフ

グレーター
大根や人参やじゃがいもを
細切りにしたりする時に
使っています。
人参サラダはこれで切るのが
一番うまくいきます。

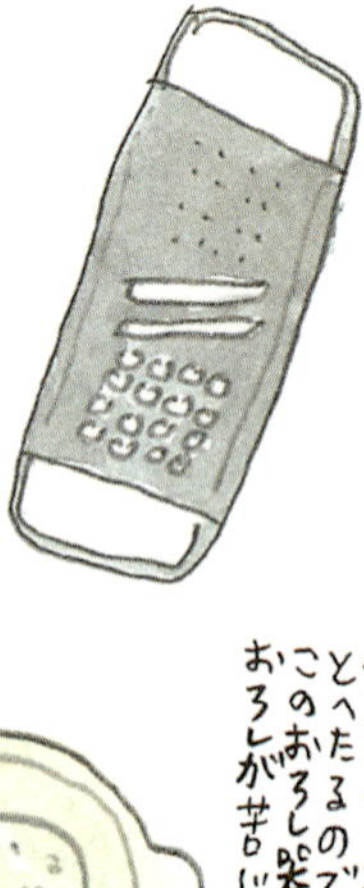

木のしゃもじ
うちのフライパンはたいがい
こげつかないように加工さ
れたものですから、金属
のものが使えません。
それで木のしゃもじで、いた
めもの等をします。

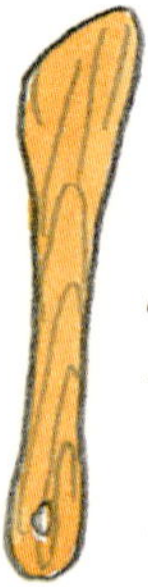

セラミックの大根おろし器
前はアルミとか金のおろし
器を使って大根をおろして
いました。たくさんおろす時は
気合いを入れて頑張らない
とへたるのでした。
このおろし器に出合って、大根
おろしが苦じゃなくなった。

長年使っているケトル。
まだまだ使えます。
口が広くて、気に入っている。

ミキサー
ふたをひねると作動します。
分量に応じて使い分けて
います。
チーズケーキや、パンプキン、
ポテトスープづくりが、
簡単になりました。

ジューサー
人参ジュースを朝食に飲む
ようになって、このジューサーを
今迄五回は買い替えました。
毎朝ですから酷使するし、
友人で体調の悪い人がいると
自分ちのを持っていったりしまし
たから。

メジャーカップ
いろんなのを使ったけど
これが一番でした。
あまり売っていない。

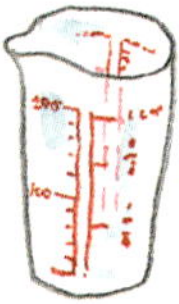

漆塗りの椀や盆を楽しみたい。

寒い季節には鍋物が食べたくなります。汁に味をつけたのもいいいし、水炊きもいい。魚のも、肉のも、油揚げのも、豆腐のもおいしい。鍋物のバリエーションはたくさんありますよね。小さな子供が喜ぶの、年寄りが喜ぶの、食べ盛りの男の子が喜ぶの、それぞれ家族に合わせて作れます。そして中身を食べ終わった後の汁で雑炊も楽しみです。熱い熱いとフーフー言いながら食べていると、窓ガラスが湯気で曇ってるのに気づきます。ホーッと気持ちまで温かくなります。

私の家では鍋物を食べる器は椀を使い

ます。木製で漆塗りの椀です。軽くて熱の伝わりが柔らかですから。

汁椀としてふだん使っているのが一番小さくて、その上の大きさのは実だくさんの汁物用、もひとつ上の大きさのはどんぶり物に使うことが多いのですが、鍋物には真ん中の椀を使います。

漆塗りの食器で入れ子(重ね入れができる)になった三組セットの椀を時々専門店で見かけますが、もともとはお坊さんの食器で、飯(あるいはかゆ)器、汁器、菜器だったと聞きました。フタは時として皿にもなるので、ずいぶん合理的な食器と思います。入れ子になっていると、かさ張らず、持ち運びがしやすいこともお坊さんには大事だったようなのです。

先日、友人の家でお茶を頂戴しましたが、直径20cmほどの赤い漆塗りの盆の上に、お茶と和菓子がのっていました。お茶もお菓子もずいぶんおいしく思われたのはその丸盆にのっていたからの気もします。

客をもてなす友人のセンスのよさに脱帽しました。

木製の漆塗りの器や盆は、たぶん中国から日本に入ってきた技術によると思いますが、日本の風土に合っていたから長年道具として作られているのでしょう。そういう道具をもっと楽しめるようになりたいと思うこのごろです。

大きな
盆は、
膳のかわりに
することも
ある。

椀は
クッキーや
せんべいや
焼き菓子入れに
する。

お茶とお菓子をのせて
お客さんに出すのを友人に
教わった。

小さな盆は
和菓子入れに
する時もある。

かねがね
うどん鉢を
のせるのに
いいなと
思っていた
大きさの盆。

うちの漆塗りの椀
うなぎ丼 ちらしずし うどん 等の器にしている。

鍋ものを食べる。実だくさんの汁ものに使う。

みそ汁 すまし汁用
和食は食器を手に持って食べることが多いので、大きさや重さは ちゃんと考えられていて、椀のほとんどは使いやすい。

入れ子の器。持ち運びに便利。

しまうのにも楽。

コースターに使っている漆塗りの丸い薄手の板は、ニューヨークのヘンリ・ベンデルという店で買った。

メイド インジャパンだった。かれこれ20年は前のこと。

145　漆塗りの椀や盆を楽しみたい。

菓子箱など大好き。物入れとして役に立つ

なぜか箱が好きです。だから和菓子の入った箱はなかなか捨てられない。キチッとできていて模様も嫌いじゃないのは小物入れに使います。小さいのは切手、長いのは扇子や筆記用具入れ、長方形のはポストカードや封筒入れ。

おせんべいの入ったブリキの箱も好きですが、あれは使いづらいのです。ガチャガチャうるさいし積み重ねにくい。

ずいぶん前に5つが入れ子になった木の箱を骨董市で買いました。多少虫食いの傷はあったけれど、板目が見える春慶塗《しゅんけいぬ》りの素朴さが好きで、今も物入れにして使っています。同じ箱で大きさだけ違うから横に並べたり、積み上げたりし

てもカッコいい。それでもう一組欲しいと思いましたが、古いのは探せなくて、新品のを買うことになりました。外側が黒、内側が赤の漆塗り。ちょっと派手。そこで花見弁当箱にしました。

例えばおにぎりは一番大きいのに、筑前煮は二番目のに、アスパラガスのごま和えと卵焼きは三番目のに、銀ダラとサケの粕漬けの焼いたのは四番目のに、花見だんごの代わりのまんじゅうは五番目のに入れてフタをして順に重ねて、大きな風呂敷に包んで花見に行きます。食べて空になったら大きいのの中に順に入れて、フタもそうして、また風呂敷に包んで帰りますが、行きはかさ張ったって重くたって、食べる楽しみがあるので平気。でも帰りは疲れてるので小さく軽いほうがよいわけで、なかなかの弁当箱。

学生時代に友だちがくれた塗りの小箱、みやげ物屋で買った木の箱、それからいつ買ったか忘れたつづらの小箱。ボタン入れや、輪ゴム入れや、紙クリップ入れなどにして、やはり今も使っています。

今一番欲しいのは、手紙友だちから来る手紙をしまう箱です。若い友だちの美穂さんの手紙入れ、黒姫に住むまち子さんの手紙入れ、コマーシャルディレクターの亀井さんの手紙入れ等々。それぞれ、らしい箱を見つけたいと思っています。

紙箱。
外は柄のついた紙が、
中は深い赤が張ってあり、ふたの
上の面がふっくらふくらんでいる。

渋谷の富ヶ谷の和菓子やさんは、
白の箱におみやげ用の和菓子を
入れてくれる。
箱が欲しいと家づかいでも入れてもらう私。

菓子箱

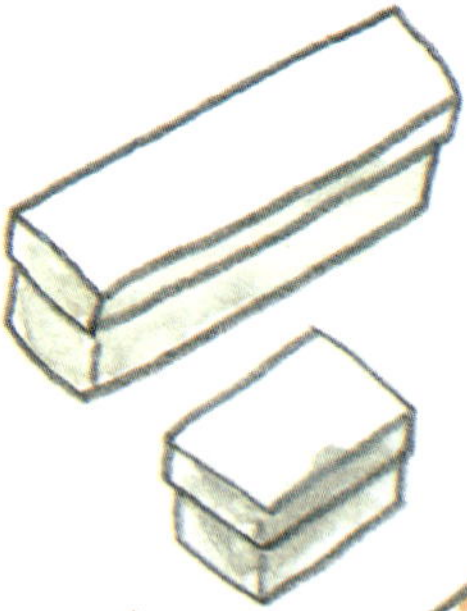

赤坂塩野のお菓子が
入っていた箱。

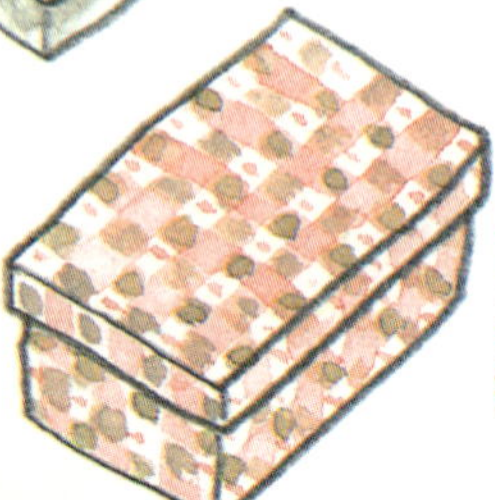

古いもの二つ。
かごに紙を張って漆が塗って
あるからこれもつづらかも。
縫い糸入れ。

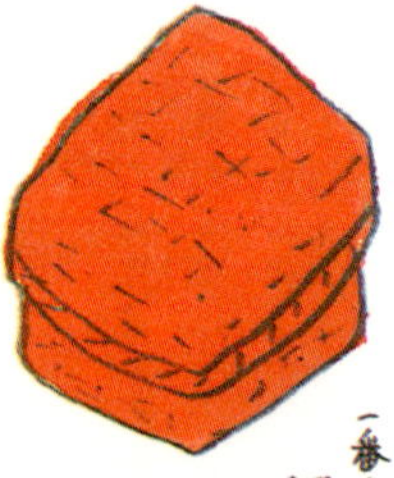

入れ子の
一番小さいのは
一七、五×一一、五センチ。
パスポート入れ。

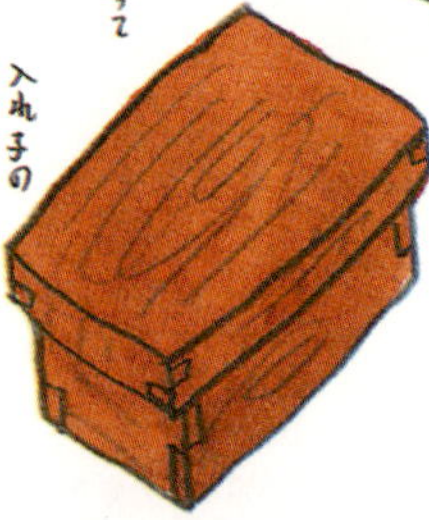

つづらのような紙箱。
表面はため塗り。
ハガキ入れだけど、
大事なものを
入れたいような感じ。
東京鳩居堂渋谷店
〇三－三四七七－四五九六
十代の頃より使用してる二つ。
木で出来てて、ユリの花が
描いてある。
漆塗り。
絵は桐の花。

あら、この箱領収書入れに
しようかな なんて、お菓子より
気に入る箱に出会うことも
ある。

149　物入れとして役に立つ菓子箱など大好き。

白のフタ付きのゴミ箱が欲しい。

家ではずいぶん古いゴミ箱を使っています。合成樹脂でできているので傷やら傷みやらが目にあまるほど汚らしくなり、いよいよ買い替え時です。

仕事場の台所にもちゃんとしたゴミ箱がありません。探すならついで、というわけでこの前から家のと仕事場のゴミ箱を探し始めました。

ゴミ箱はフタ付きで市販のゴミ袋を中に入れ、ゴミは袋ごと捨てる、今までのタイプが欲しいと思っています。フタはペダルを踏んで開ける、ペダルを離して閉めるのが使いやすいからあれがいい。

デパートの生活雑貨売り場や日用雑貨や台所用品の専門店を見て回りました。日本製のは、ゴミ箱=汚れるイメージが製造側にあるのか、一般日本人の好みによるのか、汚れの目立たない、グレー系、クリーム系、ツブツブの模様入りばっかり。ゴミ入れだからこそきっぱり清潔色の白が欲しい私は、どうも少数派らしいので、相手にされていないみたいです。

今まで使っていたのは20年ほど前の輸入物。輸入物ならあるだろうと思い、新宿のザ・コンランショップに行きました。いいのがあったけど、うちには大き過ぎて断念。六本木のリビング・モティーフにも聞いてみようと電話で問い合わせましたが、金属製の円筒形で、これも探しているのではないものでした。たまたま送ってもらったカタログハウスのカタログに出ていた3段重ねのタイプは、写真で見る限りは仕事場用としてよさそうで、でも実物を見ていないので決めかねています。

ゴミ箱ぐらい、なにもそんなにこだわらないでいいんじゃないの、と言われるかもしれませんが、毎日使うものだし、10年20年ももつ道具、飽きのこない、それこそこれぞ、と思う外形のを手に入れたい私なのです。

そういえば20年ほど前に熱海の家用に買ったゴミ箱は真っ白のチープなプラスチック製でした。あのタイプは本当にすっかり日本の生活道具屋から消えてしまったのかなあ。

とりあえず諦めないで探し続けます。

お父さん（ご主人）は、
ゴミを出す日に
お手伝い。
こういうことをちょっとでも
手伝ってもらえると、
主婦は助かる。

新品なのに汚れっぽい。
これぞゴミ箱！
なのねえ。

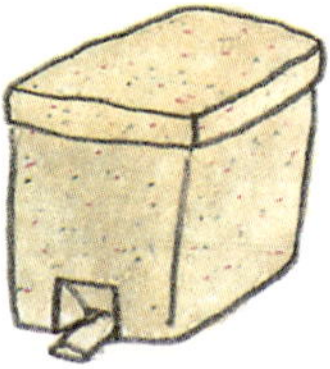

中はがらんどうのシンプルなゴミ箱。
リサイクルプラスチックです。

私の住んでいる世田谷では
今のところビールなどの
空きカンや、びん、ダンボール、
古雑誌は、リサイクルゴミとして、
一週間に一回回収される。
ペットボトルや牛乳等の紙容器、
発泡スチロールの皿は、スーパー等の
店頭で回収している。
その他の燃えないゴミは燃えるゴミと
分別して回収日に出しています。

生ゴミは
ふたありのがいい。
プラスチックも
20年も使っていると、
老いるのです。
ペダルもバネも中の
バケツも
元気なのですが…。
屑入れ(かご)
プラスチックで
口が斜めになっている
アルミの筒型
ペダルを踏んでふたを
開閉する筒型。
竹のかご
プラスチックの
あわい色(ピンクとか
水色とか)の

153　白のフタ付きのゴミ箱が欲しい。

竹製品も使い方次第でおもしろい。

たけのこは、あれよあれよという感じで竹に生長します。梅雨時の伸び方は見事ですよ。竹は水分だけで大きくなるんじゃないかと思うほどです。前にほかの木を押しのけて生長してしまったので、150cmくらいのところで切ったのですが、切り口からタラタラタラタラと水が流れ出てきました。しみじみ湿度の高いア↘ジア向きの植物だと思いました。そして、だったら竹製品をもっともっと使うといいのにとも思いました。生長の遅い木材の伐採よりいいでしょ。

割り箸がほかの国の木材伐採による自然破壊を進めているという人もいます。割り箸は木クズで作ってるから問題ないという人もいます。近ごろ竹箸が普及してきてますけど、自然破壊云々とは別に、なかなか使いやすくていいので、おすすめです。

　湿気に悩まされる季節になると、すっきり気分よく使える道具が気になりだします。私の家の近くの家庭用品センターには、竹製品がどっさり並びます。前に梅干しなどを干す平たい形のバラかごを買いました。お値段は忘れましたけど、すごーく安かった。後でこだわりの器屋を覗いたら、上等のバラかごが置いてあって、値段は10倍。作りがよいので感心してついそれも買ってしまいました。本や雑誌や新聞を入れて使っていたこともあります。


かごは蒸れないからじゃがいもや玉ねぎ入れにも、夏みかんなどの果物入れにも向いています。家庭菜園を楽しんでいる人には手のついているかごが便利。収穫したのを入れて持ち帰れますでしょ。

　夏になると京都の和菓子屋では、竹筒に入った水ようかんを、かごに入れておみやげ用として売っています。いかにもおいしそう。水ようかんは竹筒のお尻に穴をあけると切り口からツルッと出てきます。もちろん中身もおいしい。竹かごは取っておいて、食卓に出すパン入れなどに使います。夏が近づくと竹製品を見直したくなります。

バラかごは
お客さんをする時、
大皿のかわりにも
なります。
うちでは塩にぎり
（塩だけつけた三角おにぎり）を
いっぱいつくって並べます。
皿より軽いので、お客さんに
回してすすめやすい。

梅干しを干したり
かき餅を
乾かしたりする
バラかご。
うちにあるのは
直径58センチ
ぐらいの大きさ。
いろいろに使えます。

ざるそば用の
ざるですが、
たまーにチーズを
入れて食卓に。

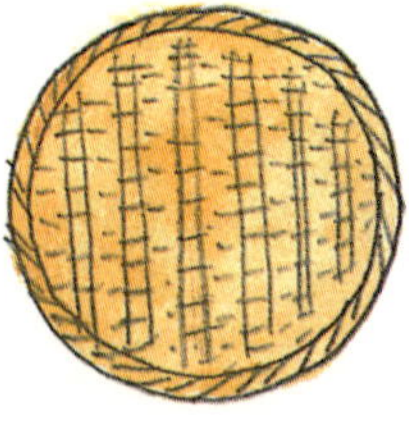

お菓子が入っていたかご、直径21センチの大きさだったから、いろいろに使えて重宝してる。

ナプキンを敷いて温めたパン入れや、
めがねやメモ用紙入れに出来る。

友達が野菜を入れてくれたかご。

新聞入れにも使えます。

竹のスプーン。おかゆなんかを食べるのに使う。

竹のはし。10膳で650円ぐらい。

竹のはさみ。私は氷をはさむのに使ってる。500円ぐらい

 竹製品も使い方次第でおもしろい。

家事が楽しくなるエプロン選び。

昔はエプロン姿＝かわいい奥さんというイメージがありました。かわいい奥さんになったら、フリルのついた白いエプロンやパイピングでトリミングをした小花柄のエプロンが素敵、なんていうような。アイロンの当たったメルヘンチックなエプロンは実用的ではないので、実際は、汚れても目立たないような色とか、洗ってもクチャクチャが気にならない形とかのを、かわいい奥さんも使っていたんじゃないのかと思います。あれは若奥さんに憧れてのイメージだったんでしょうね。

『麗しのサブリナ』で、オードリー・ヘップバーンが料理をしようとする場面があります。大きめのフキンのような布を、サブリナパンツの上にクルリと巻きます。すごーくカッコよかった。あっそうか、布を巻くだけでエプロンになるんだね、と感心しましたが、実際は台所に立つ時のエプロンは、胸当てがついていないと役に立ちません。油がハネたり調味料が飛んだりしますから。

私が欲しいと思ったエプロンは、フランスの『サンイデー』という雑誌(今はない)で見た、アーミッシュの女の子たちがドレスの上にスッポリかぶって着ているようなものでした。袖と衿のついていない、ラフな後ろボタンのジャンパースカートみたいなのです。ちょうどある店で見つけまして、仕事用として愛用しました。かわいかったので、仕事用にしたのでした。

エプロンは用途に応じて使い分けるといいのではないかと思います。座って膝の上で仕事をする時とか、床のふき掃除には前掛け、冬に水仕事をする時はかっぽう着のような袖のあるものといったように。

今、私は友だちが作ってくれた首から吊るして胸をおおい、ウエストでひもを結ぶタイプのを愛用しています。平凡な形ですが、布選びや大きさ、ひもの色や長さでずいぶんいい感じ。センスのいい友だちのおかげで家事が楽しくできます。

ワンピースのようなすっぽり包むスタイルの
袖なしエプロン。胸に厚手のきれのポケット
がついていた。
エプロンぽくなくて、仕事着として着ていて
楽しかった。
オードリー・ヘップバーンは「麗しのサブリナ」で
エプロン代わりにふきんを腰に巻いた。

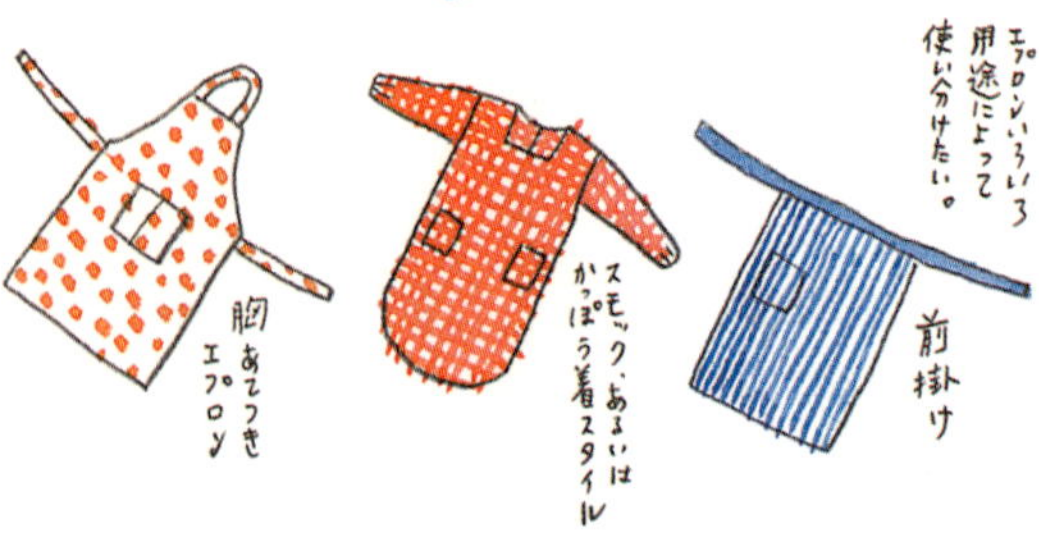
エプロンいろいろ
用途によって
使い分けたい。
前掛け
スモック、あるいは
かっぽう着スタイル
胸あてつき
エプロン

拭き掃除等 袖が汚れる時は、
かっぽう着風の袖つきが便利。

靴をみがく時は古い前掛け等
多少汚れても惜しくないのを使う。
友達がつくってくれたエプロン。
首ひもと腰のひもの色が違う。
ちょっとおしゃれで、
してうれしい。

料理本は最高の先生。

「おそうざい十二カ月」（暮しの手帖社）は、ハードカバーですが全部モノクロ。今のように見て楽しむ料理本は考えられなかったから、内容はとってもきちんとしています。

大根ととりだんごの煮こみはよくつくりました。

私は料理を料理の本で習いました。ハンバーグだって、エビのクリーム煮だって、小アジの南蛮漬けだって、料理の本を見ながら作って、家族に食べさせてきました。

晩のおかずを考える時、手持ちの料理の本を開きます。たいがいカラーの写真入りですからそれを見ながら決めます。決める特権でまず自分の食べたくないのは絶対選びません。次は家族の好みを頭に浮かべて探します。おいしそうなのを見つけても作り方を読んで手間がかかりそうだと諦めます。なるべく簡単にできるのも選ぶポイント。もう一つ経済的であることも、うちの場合大事な条件です。

決めると買い物に行きますが、必ずしも決めた料理の材料が揃うわけではありません。サバのトマト煮の材料のサバが手に入らなければその場で変更しなければなりません。イワシのトマト煮に急遽《きゅうきょ》変更。なんてそううまくはいきませんが。

料理学校に通えたら通いたかった私、台所仕事が好きだった私は、専業主婦ではないけれど、家族の食事は料理本を見ながらだけでやってきました。だから料理は、好きか好きじゃないかでやれるやれないになるなあと思います。私の友だちの中には食べるだけが好きという人も多いのです。そういう人は料理本に興味はありませんのね。

近ごろの料理は見て楽しむものもあります。頭が疲れた時、私はきれいな料理本をめくります。おいしそうな写真を見ているとなぜか体がほぐれますから。

というわけで私は料理の本をたくさん持っています。ボロボロになってバラバラになったのもあります。そういうのは活用した本。息子がうちの味と思っているビーフストロガノフは、実はそんな本によったのでした。

私は見るだけのより実用的なのが好きです。作りたいものが載っているの、作れるのが載っているのを選んでいます。

どなたでも御存じの
栗原はるみさんの
「ごちそうさまが、ききたくて。」
(文化出版局)
ずいぶん参考にさせて
いただきました。

↑春雨と
ひき肉の
煮物は
簡単に
出来るし
失敗は
しない。

阿川佐和子さんの
「今さらながらの
和食修業」
(集英社)
主婦30余年の私も
野口出子先生(料理指導)に
教えていただきたくなりました。
この本で勉強したら
少しはおいしいものがつくれそう。

加藤美由紀さんの
「クックブックポテト」
(柴田書店)
じゃがいもが好きなのです。
ポテトの本は何冊も持って
いますが、写真もきれいで、
気に入っています。

「アルポルト片岡護の
パスタ・スペシャリテ60」
(文化出版局)
ちょうどカルボナーラに
凝っていた時、買いました。
ツナとアンチョビのソースのも
おいしい。

レヌ・アロラさんの
「私のインド料理」
（柴田書店）
香辛料が手に入るようになったので、
野菜料理に幅が出ました。インド
料理の野菜料理はおいしい。

↓オクラの炒め煮
←なすとトマトの煮込み
←さといもの炒め煮
↑カリフラワーのサブジ

友達のフードスタイリストの
高橋みどりさんの仕事の本
「栗原さんちのおやつの本」
（文化出版局）
チーズケーキは、本当に失敗なし
なのです。

私の持っている料理の本の中で
一番豪華！
「日本の料理」
文化出版局
昭和五十三年発行
もちろん
今は売っていません。

おいしそうな
料理の頁を
めくっていると、頭の中が
ほぐれます。

5.

気になるあそこのおいしい

疲れた時に飲む
スパイスティー（二人分）
①材料
牛乳
1カップ
水
1カップ
紅茶
茶さじ
2〜3杯
シナモン
カルダモン
クローブ
②①をなべに入れ沸かす。
アッサムをミルクティーにしています。ちょいと濃いめで、ミルクたっぷりが好き。

紅茶を買う。

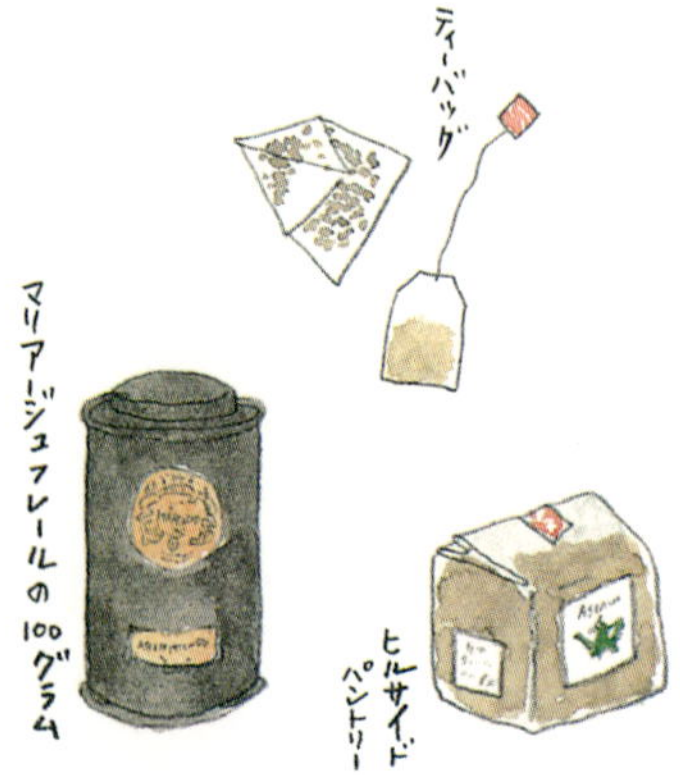
ティーバッグ
ヒルサイドパントリー
マリアージュフレールの100グラム

一日の始まり。
まず、きちっと
おいしい朝食をとる。
ミルクティーは
やっぱり朝のものと
私思うのです。
フランスではカフェオレ
でしょ、イタリア
ではカプチーノ
ですからね。

朝食にはミルクティーを飲みます。紅茶はブレックファースト、アッサム、ダージリン、ウバといった濃いめのを濃くいれています。ミルクは牛乳を電子レンジで温めて使います。このことは紅茶のよくわかっている人に言わせると、邪道なんだそうですのよ。

というのは牛乳は温めると匂いが強くなり、紅茶のデリケートな味わいを損なうんだそうです。いいのいいの、うちはうちなの、とずーっと熱い熱いミルクティーを飲んでいます。ちなみに正しいミルクティーのミルクは、常温だそうです。

ところでこの前ニューヨークに久しぶりに行ってきましたけど、エスプレッソもカプチーノも飲めるのに紅茶はどの店でも例のティーバッグなんですよ。ポットにティーバッグが入っていたり、お湯の入ったカップの横にティーバッグが添えてあったりなんです。薄めのコーヒーをアメリカン、スコッチの水割りもアメリカンと呼びますが、ティーバッグはさしずめアメリカンの紅茶というところかなと思いました。

それで、日本は進んでるなあ、と思いました。フランスの紅茶だって、イギリスの王室御用達みたいのだって、家で飲んでいるのですから。

以前、銀座の路地を入ったところに紅茶専門店を見つけました。紅茶の入った缶がズラリと並んでいて、量って売ってくれるのでした。早速相談しながら選んで買いました。朝食用にアッサム、午後用に若い葉のダージリン。早く家に帰って飲みたくて浮き浮きしました。

今はデパートにも量り売りの紅茶があります。量り売りって、100gぐらい買って試してみることができてうれしいと思います。

紅茶は新鮮なほうが香りも味もよいように思います。この前のはおいしかったけど、今度のは同じ種類のでもまずい、ということもありますもの。私なんか珍しい缶入りを見つけて、つい買ってしまって、でも全然おいしくなくがっかりしたことがありました。紅茶を買う時は、新鮮かどうか気をつけて選ぶことも大事みたいです。

マリアージュフレール銀座本店
〇三ー三五七二ー一八五四
〇一二〇ー三三ー一八五四(通信販売)

近場でおいしいパンが
買えたらいいね。

ベルディー
ほうれん草入りパン
ケシの実まぶし。

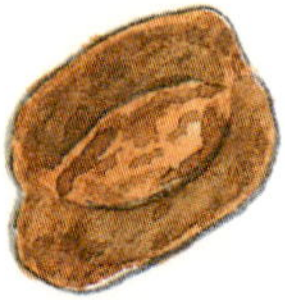
天然酵母くるみパン

天然酵母クロワッサン
ヒルサイドパントリー　〇三-三四九六-六六二〇

ちょっとお腹がすいた時
パンと飲みものを楽しめる店が
どこにでもあるといいと思う。
もちろん買って家でお茶にするのも
いいですけど。

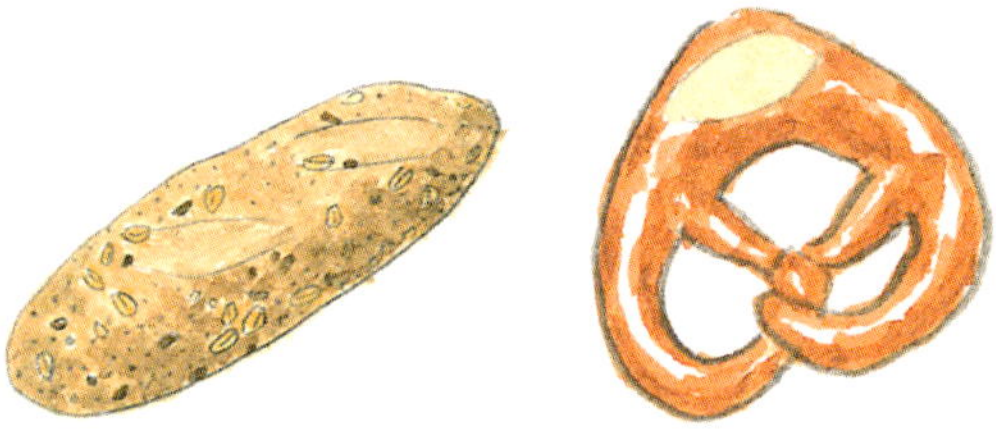

渋谷の南平台の私のかつての仕事場のマンションの前に、土曜日になるとパン屋の車が音楽を流しながらやって来ていたのでした。カーベ・ケージというドイツパン屋です。車の中が店になっていて、全粒粉やキャラウェイシードの入ったパンやケーキなどが棚に並んでいました。音楽を聞いてあっちこっちのマンションに住む人がパンを買いに来ていました。サワークリーム入りの少々酸っぱいパンは、スライスしてトースターで焼き直して食べるとおいしかった。だって私はパンが大好き。でも、ある日突然来なくなったのです。もうすっごく残念！

毎日食べるパンは近所のパン屋で買えたらとってもいい。仕事場の近所、代官山にはパン屋がたくさんあります。お昼ごろには、調理したパンを買う人も多い。一時私は、ヒルサイドパントリーのチーズといちじくジャムとシナモンパウダーのサンドイッチに凝りました。毎日買いに行きました。

以前代官山の隣町の恵比寿を通りましたら、ドイツパンと書いた小さな看板が目に入りました。見過ごせません。入ってみましたら、パンと飲み物の店でした。ドイツパンに魅せられてブレッツェルと全粒粉クロワッサンを買ってしまいました。おいしければまた買いに来ようと思いました。翌朝オーブントースターで温めて食べましたら、けっこう大丈夫なお味。というのはどうもチェーン店のようだったから心配だったのです。

　ニューヨークに行った時、once upon a tart(ワンサ　ナポナタルトと言うみたい)という店で、マフィンを食べましたが、日本にもちょいちょいと食べられるパンの店があちこちにできるといいなあ、と思います。

パンを取り寄せる。

パンドコナはこういう箱に入れて送ってくれました。

パンドコナ

コナバゲット　カルヴィ　882円

20センチ×18センチもある大きさ。(土・日限定)

カンパーニュトースト　441円

コナバゲット(いちじくとオレンジ入り)　252円

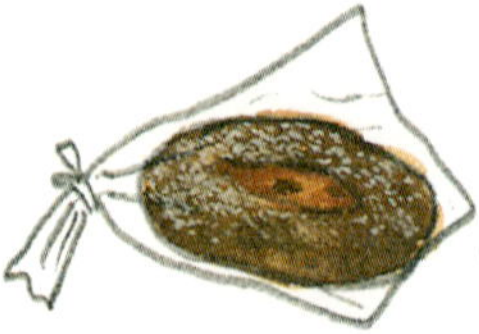

パンドコナ　〇四五-九七四-四七七七

チクテ　〇四二-七七〇-二五二四

パンをおいしく保存する方法は、一回に食べる分だけ小分けにして、ラップに包んで冷凍庫で。食べる時は冷凍のままオーブントースターで焼く。

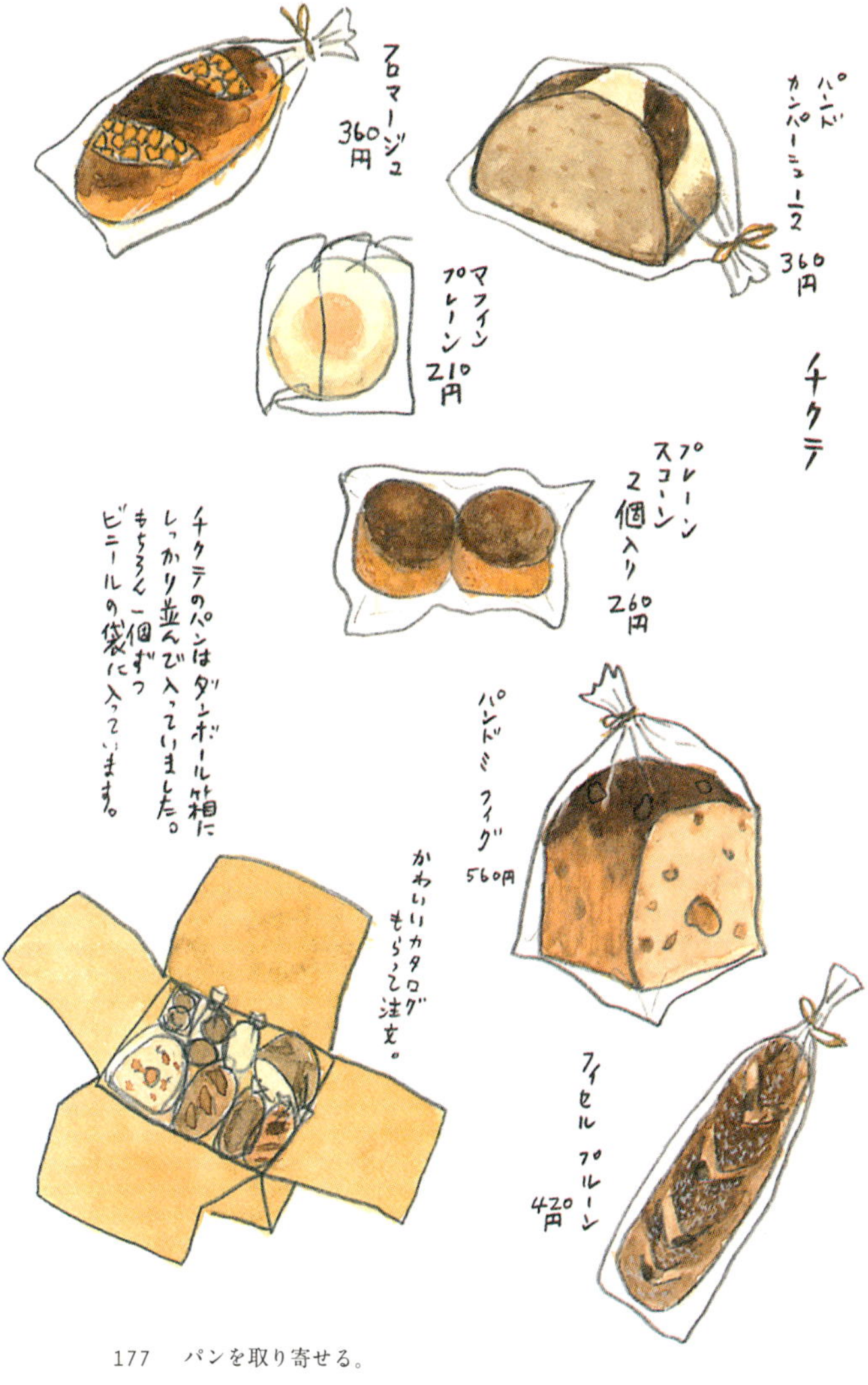
チクテ
パンド カンパーニュ 1/2 360円
フロマージュ 360円
マフィン プレーン 210円
プレーン スコーン 2個入り 260円
チクテのパンはダンボール箱にしっかり並んで入っていました。もちろん一個ずつビニールの袋に入っています。
パンドミ フィグ 560円
かわいいカタログもらって注文。
フィセル プルーン 420円

おいしいパンがあれば
チーズとワインだけでも十分。
パンドコナの高橋さんもそういってたけど、
私もそう思う。

おいしいパンはわざわざ出かけていっても求めたいけれど、いつもはそんなことしていられません。

それでそこそこおいしいパンにありつくべく、努力を重ねます。ただ、ココのじゃなきゃ食べないというほど、こだわりはありません。例えばおいしいと評判の、渋谷の富ヶ谷にあるルヴァンに限るなんて思っていません。

けれど近所のスーパーマーケットの袋入りのや、コンビニのパンはよっぽどのことがない限り買いません。

皮の硬いのも白くて軟らかいのも黒くてパサパサしているのも、ナッツやドライフルーツが混ざっているのもデニッシュも和製菓子パンも、おいしければ好き。

ずーっと前、アメリカに旅行した時、サンドイッチを頼むと、白かホールウィートかライ麦かと言われて面食らったことがありました。当時日本でサンドイッチのパンは白のだけでしたから。パン食の国はさすがと思ったのでした。

またパリのカフェでフランス人の知人がフランスパンのサンドイッチを食べて、このパンはきのうのだとしかめっ面をしました。まだフランスパンを食べ慣れていないころでしたから、どう味が違うのだろうと思ったのでした。今は食べ慣れましたから、どちらもよくわかります。

東京にはおいしいパン屋が増えました。朝早くからやっているパン屋はまだ多くはありませんけれど、昼ごろには焼きたてが食べられます。

でも地方だと地域によってはおいしいパンを手に入れるのが難しいでしょう。熱海の家でも無理でしたもの。それで取り寄せがあるといいのにと思っていたのでした。

たまたま知人のパン屋が宅配もしていると聞いて、取り寄せてみました。焼きたてではないけれどなかなかおいしかった。

パンだって、取り寄せもいいのです。

おいしく食べたいから
自然食品。

無農薬 無化学肥料農産物
栽培の煎茶 私が買ってみたのは
亀屋 朝宮煎茶

イエローハットYKの
ピーナッツペースト

早瀬さんの玉子
抗生物質等の薬剤は
使用してないとあった。

収穫後農薬は使用してません
と書いてあった。

常備野菜も出来るなら
無農薬のがいいと、私は思ってる。

どろつきの人参

セロリのかぶごと

子供達が元気に育つこと、子供達が大人になった時の環境のありようは、今私達の意識にかかってると思う。

買物に行く時は、出来るだけ紙袋等を持っていきます。

四日市九鬼の純正胡麻油

わたしは四日市に住んでたことがあるので、ひいきにしてる。

正直村の冷凍食品

和牛小間切肉

保存料、甘味料、着色料不使用

つまり無添加しょうゆ。

純むらさき（チョーコー）

わりとどこでも買える。

赤どり モモ肉

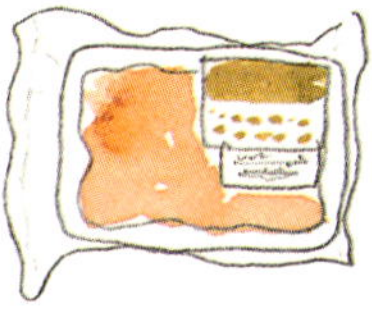

食材にはこだわりたいと言うと近ごろのグルメ族みたいだけど、私の場合は、例えばにんじんや玉ねぎやじゃがいもや、できれば葉物の野菜たちは、自然農法あるいは有機栽培のものを。豆腐やしょう油やハムやジャムも添加物が少ないものを。肉や卵も自然な飼料のものを、と仕事の合間にちょっと足をのばして買い出しに行っているだけのことです。

朝食に飲むにんじんのジュースは特にこだわっていますが、それというのもなにより味が違うからなのです。一般のにんじんはにんじんの味がしないのが多い。

近ごろでは、自然食品専門店だけじゃなく、こだわりのスーパーマーケットもあって、その手の野菜も売っています。知人の中にははっきり言って生産地を確かめたわけじゃなければ怪しいよ、と言う人もいるのですが。

私の住んでいる世田谷区には、まだまだ畑が健在で、脇に無人野菜売り場のボックスがあり、いんげん1袋100円、トマト3個入り100円、夏大根100円、曲がったきゅうり5本入り100円、などが並んでいます。農薬は使用しているのかな？　確かめたことはありませんが、もぎたてがうれしくて買うこともあります。

実際に毎食こだわりの食料品だけを食しているわけではありません。外食では

LEEの仕事でパリに行きし、サンジェルマンのラスパイユ通りで日曜日に開かれる、自然食品の市で買ったパン、チーズ、パテ、野菜、ワインの昼食が、あまりにもおいしかったので まだ忘れられない。

食材にこだわれませんもの。買ってきておいしく食べるケーキだって、小麦粉や卵やバターや砂糖などの原料のことについて考えたことはありませんし。

でも現代人なら農薬や化学肥料や添加物が体にどんなふうに影響するか知っていないといけないと思います。さあて夕食と朝食用の食料品を買いに行ってこようと思います。街の中には小さな自然食品屋もけっこうあります。

デパートの食料品売り場で地方の味探し。

以前はまるこくなかった気がするなあといいながらパクッと口の中に放りこんだ私。

ずいぶん昔、よくなめた那智黒あめは和歌山の製品。

まあなつかしい、というお菓子。お子さんと一緒に楽しむのもいい。

東急百貨店本店 〇三ー三四七七ー三一一一
伊勢丹新宿店 〇三ー三三五二ー一一一一

うなぎ笹むしは
もち米のご飯の中にうなぎが
入ってる笹包み。冷凍になっている
長野県松本の桜家のもの。
さんま
あんまり甘からくなくて わりに
おいしい。千葉は銚子 ヒゲタフーズの
さんまの甘露煮。いわしのもある。
大阪の餃子点心
小さくてパリッと焼くと
いくつでも食べられる。
山形市のまめやの富貴豆は
和菓子に匹敵するおいしさ。
デパートの銘菓売り場
(伊勢丹全国銘菓コーナーなど)
でよく見かける お菓子
麹町の
一元屋の
きんつば
栗きんとん
中津川
川上屋の
栗きんとん
(季節もの)

近ごろ宅配が普及したので、沖縄や北海道の産物も、頼めば数日で家に届きます。取り寄せができるおいしい食べ物を、女性誌は贈答シーズンになるとこぞって特集するし、その手の単行本すら出ていますから、情報に事欠きません。また産地も確実な対応の努力をしているようで、ほとんどトラブルはないようです。

ところで1箱やワンセットの量ではなく、ほんの少しでよい自宅使いの場合、デパートの地方の名産物のコーナーで調達できると助かります。

ずいぶん前に、あるPR誌で塩田ミチルさんが山形の富貴豆《ふうきまめ》を紹介してらしたのを見ました。あの方はおいしいもの➘が確かな人、と前々から思っていたので、すぐに取り寄せてみたのです。やっぱりとてもおいしく、あげる人を決めて何箱かまとめて何度か取り寄せました。なにしろ1箱680円ですから、送料を考えると1箱というわけにはいかなくて、何箱かになってしまうのでした。そのうちあげる(配る)のに疲れてきて、やめてしまいました。ある日デパートの名産物の売り場で、その富貴豆を見つけました。以来取り寄せしなくて1箱でも買えるデパートを利用しています。

もひとつ、以前友人にもらって大好きになった大阪の点天のギョーザも、数箱まとめて送ってもらい、そのたびに友人にあげたりしておりましたが、最近、東京の伊勢丹デパートなどでも買えるので、もう取り寄せはしなくなりました。食べたい時に新宿まで足をのばします。

　最近デパートの食料品売り場は地方のおいしいものを積極的に扱っているみたいに見えます。1個売り、1袋売り、1ビン売り、がほとんどですから、珍しいものも試せます。中には口に合わない味もないわけではないので、少量売りは正しいと思います。

　という具合でデパートの食料品売り場に行くと、地方のおいしいもの探しに近ごろハマっています。

ゴマやら豆やら、体にいいものの加工も、
地方のおいしいものには多い気がします。

大人の駄菓子的おやつ。

土電せんべい
「ごめん」
ごめんの文字は
焼き印です。

これが箱です。
カラフルで楽しそうでしょ。
箱の中にカードが入っていて、
お買い上げの際には、「ごめんください」
と言ってお求め下さい。と書いてありました。
高知の空港でお求め
ください！
発売元ーちんちん電車が好きな会
トサデン商事
〇八八ー八八二ー〇〇三九

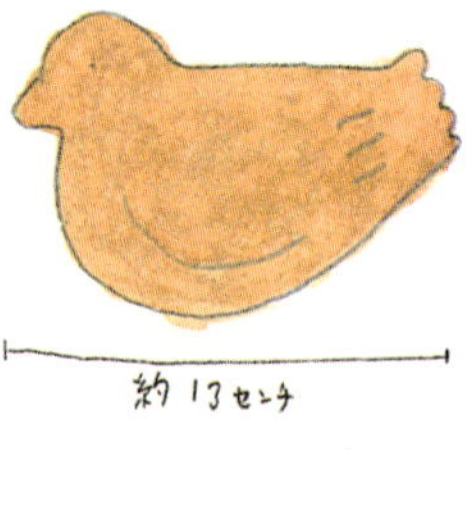

鎌倉の豊島屋の
鳩サブレーは、一枚食べると
満足の大きさなのです。
上品な甘さがすてきです。
株式会社豊島屋
〇四六七ー二五ー〇八一〇

これが薄餅(クラッカー)。
私が好きなのは香葱(チャイブ)。
食べ始めるとやめられません。
青山紀ノ国屋、明治屋、
成城石井で買いました。

私の仕事場の
近くにある
ケーキやさんの
ギャレット・ノワというクッキー。
食べたいと思ったら一走りして
買って来られるおいしい
お店を見つけておくと
いいのです。
イル・プルー・
シュル・ラ・セーヌ
〇三ー三四七六ー五三二一

まぼろしの
クッキーの缶。

麹町の村上開進堂のは
手に入れるのが
むつかしいのです。
いただきものの 今は缶だけ。
ピンク色です。
クッキーはなつかしいような
それでいてしっかりした味。

家事の手を休めて、
ちょっと休憩。
やっぱり軽いお菓子を
つまみたい。袋からおして
お皿に入れましょ。
食べすぎないように。

先日、高知の友だちがおみやげに、「ごめんせんべい」をくださった。高知市内を走っているチンチン(路面)電車で後免行きというのがあるのです。後免行きは東方向、西方向は伊野行き。ごめんせんべいは土佐みやげ。「ごめん、ごめん。いいの、いいの」とパッケージに書いてあり、思わず笑ってしまいました。

私、三重県生まれで育ちですから、せんべいというと小麦粉が原料のものに親しみを覚えます。ごめんせんべいは小麦粉のせんべいで甘味がちょうどよく、懐かしい味でした。

米のせんべいはもともとは関東以北のものと思う。いつだったか誰にもらった

一人の夜、チーズにクラッカー、
それにワインで、ゆっくり
するのもいいなと思います。
こんな時に私は香港の
薄餅(クラッカー)。

のだったか新潟のごま入りせんべいを好きになり、取り寄せをして食べまくりました。おいしいのを見つけると飽きるまで食べ続ける私です。

例えば鎌倉の豊島屋の鳩サブレーもその一つです。1枚がけっこう大きくてうれしい。

以前、仕事で香港に行きましたが、飛行機の中でチーズを頼んだらついてきたクラッカーがオリエンタル風味でおいしかった。香港で競馬場に行きまして、そこでもそのクラッカーが出ました。東京に帰ってきて、あの味に近いものを探し歩いたのです。実はそのものズバリのクラッカーを見つけました。メイドイン香港！　見つけた時はうれしかった。もちろん例のように食べて食べて。

欲しくても食べたくても手に入らないクッキーもあります。麴町の村上開進堂のピンクの缶に入っている上等もの。たまに友だちからもらいますが、それ以外の方法では手に入りません。お得意さん以外には販売していないようなのです。でも本当にたまにいただくとありがたみがあって、それもよいと思っています。

私の舌にのらないおいしいお菓子はまだまだあるに違いありません。

築地魚がし市場に行く。

魚のすりみと玉ねぎをまぜて、ぐるりにベーコンをまいてあげたもの。「名物」といわれて買っちゃった。
つくごん
この中に削り節が入っているよ
松村
茂助だんご
くしにさしただんご
つぶしあん
こしあん
よもぎまんじゅう
おしゃれな袋入りほうじ茶はいから
うおがし銘茶
銀だら
かす漬け
あじのひらき
すし屋で使うたまご焼き
松露
木綿の男ものソックス
築地は魚以外に作業着、台所用品も売っている。

私の食べたすし

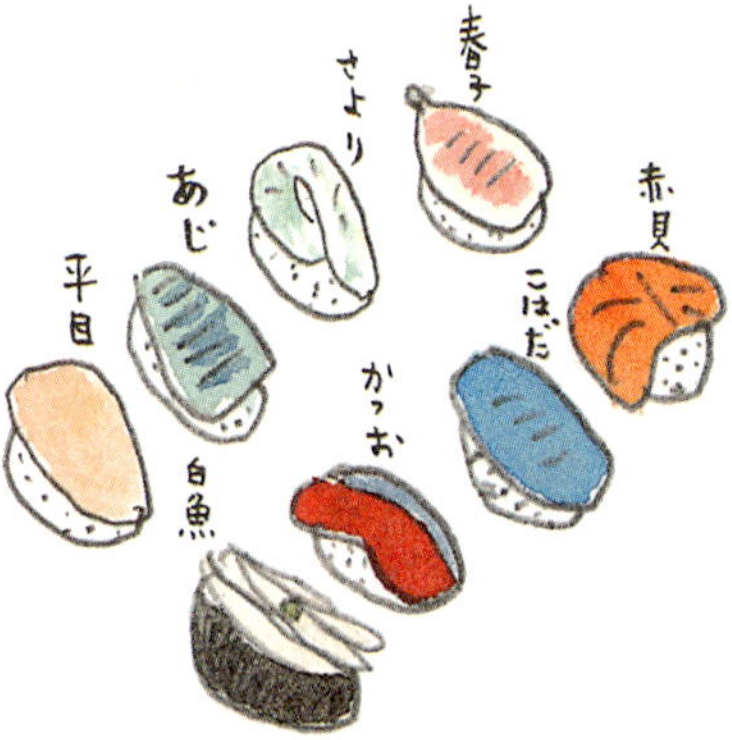

つくごん　〇三-三五四二-〇二八一
松村　〇三-三五四一-一七六〇
うおがし銘茶　〇三-三五四一-三三九六
茂助だんご　〇三-三五四一-八七三〇
松露　〇三-三五四三-〇五八二

こういうリヤカーみたいなのもどんどん通る。

仕事で買い出しに来る人は、こういうかごと長靴が定番のよう。

場内ではこういう自動車はばんばん走っている。

かねてより行ってみたかった東京の台所と言われている築地の魚がし市場。行ってきました。場外と場内とあって、場内は一般は入れないと思っていましたけど、入れるのでした。でも、ま、普通の人は場外で十分のようでしたが。

実は、近ごろ服を買うより食料品を買うほうが楽しくうれしい。だから東京には市がないからつまーんないと、高知の友だち(高知は街中の日曜市や木曜市に限らず、住まいのある近場にも市が立つそうです)にこぼしていました。築地なんて魚屋、料理屋などの専用と思っていましたから、暮れになると素人が築地で買い物するのを耳にして、きっとよく思われていないだろうな、とも思っていたのです。

行ってみてわかったのは、ぜーんぜん大丈夫なんですね。ウエルカムなんじゃないかしら。ただちょっと遠過ぎる。うちからだとだいぶ時間がかかります。東京の住宅街からは遠いので、どなたにも利用のおすすめは難しいと思います。

さて、ウエルカムのようだとしても遊びのつもりで行ってもらいたくないと思います。街で数人の主婦がのろのろウインドーショッピングしているのを見かけますが、ああいうつもりだと車や自転車にぶつけられてしまいますし。場外といえども、なにやら緊張感もある場で、な

おいしいねえおいしいねえと
朝っぱらからおすしを食べる。
魚がしだからこそ！

んていうか一種の仕事中のプライドが漂ってもいるみたいでしたから。

憧れていた私は、ボーッとなって、買い物したいのに何を買ってよいかわからなくなりウロウロウロウロウロ歩いて、ようやっとカツオの削り節を買い、ちょっと落ち着きました。でもそのわりにはここに描いたような、まとまりのない買い物をしてしまったのでしたが。

また朝9時過ぎにおいしい握り寿司を食べ、口の中の生臭さをコーヒースタンドのコーヒーを飲んで流し、近々また来ようと思いながら帰路につきました。朝の10時30分でしたよ。

キャンデー
たいがい一本100円です。

冷たくて甘いもの。

赤坂の虎屋には地下に
喫茶室があります。
静かでいい感じ。虎屋は
もとは京都だったそうで、
だからシロップは上から
かけてある。

冷たいものを食べると
頭がキーンと痛くなりますよね。
あれ、なぜでしょう。
でも幸せ。

青竹に入ったようかん。
こういうのでつついて穴を開けてようかんを出す。
あずきのキャンデーで一番好きなのが高知県の久保田の。空港でも買える。
暑い日は、まず冷たいものを口に入れるのが一番。
ところてんも夏の食べもの。甘くはないけど涼しくなる。
笹の葉に包んだお菓子も涼しげです。これはくずまんじゅう。
豆かん（多分寒天の略）あん蜜より好きです。

毎年夏の盛りには、必ず食べるかき氷。近ごろはどの店も冷房がきいているので、昔のように口に入れた時のあの喜びはありませんが、夏しか口にできないこの甘いものを食べずには、秋を始められない私です。

たかがかき氷にもスタイルがあるのです。三重で私が食べていたのと東京のとはシロップのかけ方が違います。三重では器の上に氷をかいて盛り上げて、その上にシロップをかけます。当然、氷は溶けて沈みます。その上からまた氷をかいて盛り上げ、もう一度シロップをかけるのです。その工程をドキドキしながら眺めていたものでした。氷の盛り上げ方➘やシロップの量をチェックしていました。大事なことでしたから。やっぱりどちらも多いほうがいいでしょ。

東京に出てきて驚くことはたくさんありましたけど、かき氷のシロップを器の中に入れてその上から氷をかく東京スタイルには、お母さん、お父さん、おばさん、おじさんを、お母様、お父様、おば様、おじ様、と呼ぶ東京っ子に抱いたのと同じ違和感、なじむまで時間がかかりました。それにしても、てんこ盛りのかき氷を1カ所くずしてシロップまで掘り下げないと甘味が味わえない東京スタイルには、実は今も本当はなじめていません。

若いころはイチゴシロップのが好きでした。次にミルクが好きになり、その次にアイスクリーム入りが好きになり、今は宇治金時が好きです。
　暑い時は、和風の冷たいのがいいですねえ。夏ならではの和のお菓子、透明で見た目も涼しげにこしらえてあったりするし、口当たりがツルリとしていてさっぱりしているし。

日本の夏は湿度が高いから、アイスクリームはあまりおいしく感じられない。札幌のアイスクリームはおいしいと言われるけど、湿度が低いからなのです（と私は思っている）。夏によく食べるのは、アイスキャンデー。これもあずきのが私の好みです。
　夏の甘いものは暑さ負けしそうな時の私の元気のもとです。

虎屋　〇一二〇-四五-四一二一
（関東にある虎屋菓寮では、一部商品のみ上から蜜をかけないものもあります）
久保田食品　〇一二〇-〇〇七-一六二
（一部商品はクールギフトでの取り扱いもあります）

ごはんをおいしく食べる。

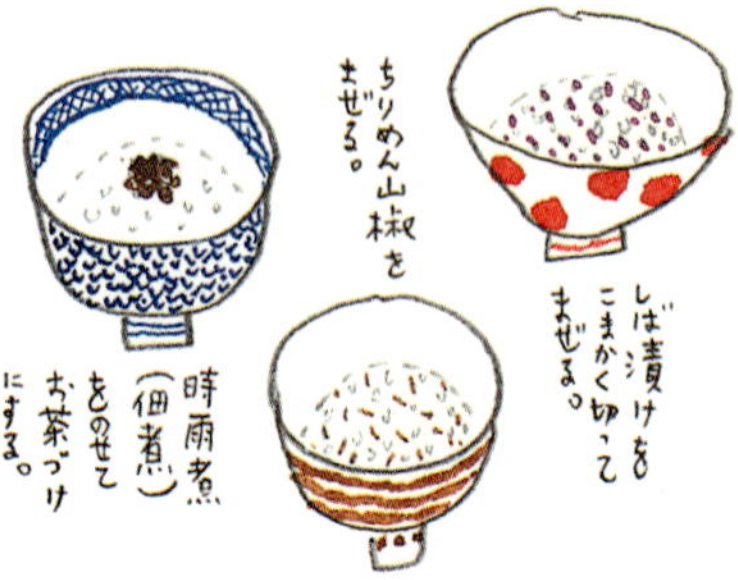
ちりめん山椒をまぜる。
しば漬けをこまかく切ってまぜる。
時雨煮（佃煮）をのせてお茶づけにする。

ご飯の上に少しずつのせます。
二段重ねの弁当のご飯入れの方。
これは夫の弁当

しば漬け
きゅうり漬け
パックになっている。
これは錦小路店でも買える。
打田漬物 〇七五-三七一-三二九五

おいしいご飯
胚芽米
玄米
白米
私は
ふたつきのびんに
常備菜を
入れている。
ちりめん山椒
80グラム入りパック
贈答用
京小町もり
〇七五ー五九一ー一三三一
しいたけ昆布
錦小路の
打田漬物屋の
前の店のもの。
貝新の
時雨煮は
100グラムでも買えます。
真空パックで
送ってくれた。
〇一二〇ー〇四九〇〇一
しじみ
あさり
はまぐり
(小さいのと
大きいのあり)

おいしいお米は炊いている時の湯気の匂いから違いますのねぇ。炊き上がってフタを開け、しゃもじで混ぜてると昔の炊きたてのごはんを思い出します。昔のはおいしい匂いがしました。どうして近ごろの普通のごはんは匂いがしなくなったのでしょうか。この時期の新米でも私が買うお米は匂いがありません。選び方がまずいのでしょうか。

おいしいお米は貴重ですから、おいしく食べたい。それでごはんに合う副菜もおいしいのが欲しくなる。漬け物や佃煮だったらいろいろありますでしょ。

以前、知人に教えてもらって、京都の錦小路で買った打田の漬け物が永福町の

マーケットで売っていたので、うちは、しそしば漬けときゅうりのしば漬けをそこで買っています。京都の漬け物は有名ですが、おいしくないのも中にはありますね。おいしいのをいただいたりしたら覚えておいて、取り寄せて常備菜にするのもいいと思います。だって同じ漬け物を買うのだったら、おいしいほうが断然いいに決まってていますから。

私、昆布も大好き。京都出身の人からいただいたしそ昆布はおいしかったので忘れられません。行商のおばさんが持ってくるものだったそうで、おばさんが売りに来なくなったということでいただけなくなりました。塩昆布も好きです。特に細切りのが。

私は三重出身です。三重県桑名《くわな》の時雨《しぐれ》はまぐりもごはんをおいしく食べる副菜です。手ごろな値段のあさりもおいしい。東京でも買えるのですが、あちらで買うのと味が違います。きっと関東好みの味つけにしてあるからでしょう。私は三重のほうが好き。昔食べた味が自分の味覚の基準になっているみたい。

さて副菜が揃ったら、おいしくごはんをいただきます。

秋はロールケーキがおいしい。

清月(山梨県)

イタリアンロールケーキといいます。焼き色が地中海の太陽の色に似ているからだそうです。外側はシュー皮。生クリームは少しだけですがしっとりとしたやわらかい口あたりで、とてもおいしい!。

一本はもうちょっと長い。描く前にいただいてしまった。食べられるだけ切り分けることが出来てうれしい。

取り寄せ出来ます。

〇一二〇-〇八二-六〇六

代官山 小川軒の
ショコラスフレ大好き。

ショコラのシンプルさはスフレ生地と生クリームのバランスとフレッシュさで、もちろん質のよさで大大満足。

〇三-三四六三-三六六〇

近江屋洋菓子店

昔食べたケーキを
思い出します。

クリームはバタークリーム
です。
〇三－三二五一－一〇八八

ローザーのモカロールケーキ

まん中にシューの皮、
モカバタークリームを
巻いてある。
まわりの
スポンジの
色もきめの
細かさも
独特と
思いました。
甘すぎないし
大人の味で、
おいしい。

〇三－三二六一－二九七一

バニラ（鎌倉）

バニラロールケーキ
まわりはシューの皮のフレッシュ
バタークリームのロールケーキです。
シューの皮の歯ざわりがとっても
好ましく、甘さもひかえめで
大人の味でした。

ココアの
スポンジ生地

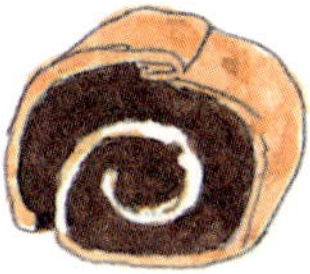

プレーンの
スポンジ生地

取り寄せ出来ます。
〇四六七－六〇－一四三二

代官山の小川軒のケーキが好きで、来客があると買いに走って、もう何年になるかしら。私は好きになるとそればかり飽きるまで食べ続けるクセがあるのですが、小川軒のスフレ(ロールケーキ)は飽きません。けっこう地味なケーキですからほかのケーキよりわりと売れ足が早くないのか、昼過ぎに行っても買えたりするので、うちでスフレを食べさせられた来客は多いと思う。代官山店にはチョコレートの生地で生クリームを巻いたのと、普通の生地に栗入り生クリームのがあります。

そんなでしたからロールケーキは小川軒と思っていましたが、近ごろあちこちのロールケーキが話題になっているらしいのです。もともとロールケーキはケーキの基本形でもあるみたいで、老舗のケーキ屋の定番のようでした。それに材料が決め手のシンプルなケーキですから、おいしいケーキ屋のはおいしいはず。それで食べ比べてみようと思ったのです。たまたま一緒に食べてくれた友だちの感想も聞いたりしたから、ちょっとこのところロールケーキの研究会みたいな私の事務所でした。

調べてみましたら、宅配してもらえるところもあるのがわかりました。生ケーキを取り寄せできるってなかなかいいでしょ。自分がおいしいと思ったものは、

おいしいもの好きの友人知人にも味わって欲しい私。もちろんそれができない、「生ものですから本日中にお召し上がりください」のロールケーキは、東京においでになった時に食べてもらう。

さて私、今回の取り寄せで初めてシュー皮を使ったロールケーキを食べました。スポンジの軟らかさにプラス歯ざわりとでも言うんでしょうか。それがとても新鮮でした。

いろいろ食べてみて、どこのもそれぞれでおいしかったのです。チョイスがよかったからかもしれません。

亀井堂の瓦せんべい。
亀井堂のあんなし人形焼き
(これは秋の山)。
いろんな形をしている。

下町は楽しい。人形町で買い物。

寿堂 〇一二〇-四八〇四〇〇
人形町タンネ 〇三-三六六七-一七八一
甘味処初音 〇三-三六六六-三〇八二
丸二海苔店 〇三-三六六四-〇二〇二
双葉商店 〇三-三六六六-一〇二八
森乃園 〇三-三六六七-二六六六
亀井堂 〇三-三六六六-六六五四

人形町一〜二丁目界隈で買ったもの、食べたもの。
ドイツパンの店 タンネでは、

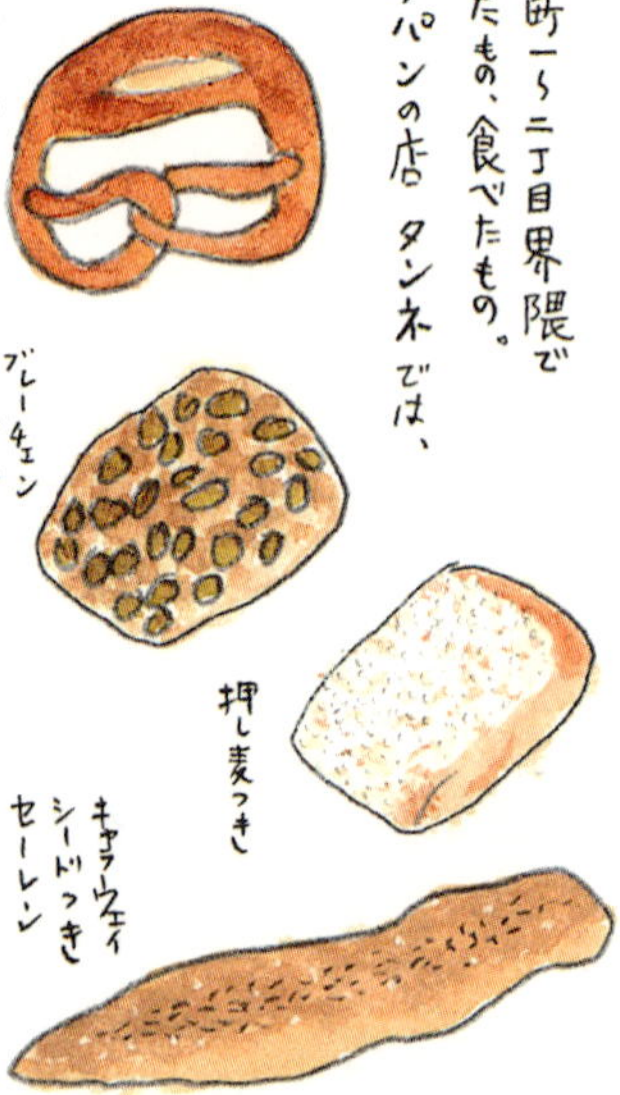
ブレッツェル
ブレーチェン
かぼちゃの種つき
押し麦つき
キャラウェイシードつき
セーレン

甘味処 初音で 食べた 豆かんてんの おいしかった こと。
丸二海苔店で。
ほうじ茶
HOHJICHA
森乃園で ほうじ茶。
双葉の ざる豆腐 (たれつき)。
黄金芋の箱が とってもいい感じ。
寿堂の 黄金芋
中には 黄身あんが 入ってる。
寿堂の 店内
腰をおとして 接客なさる。 いいのねえ。
接客も いろいろ。

東京に住んでいてもよく知らない街は多いのです。私が住んでいるのは、東京でも神奈川寄りの世田谷区で、仕事場は渋谷で、買い物はたいがい港区の青山。たまに銀座に出ることはありますが、下町と言われている浅草や人形町には用がないからほとんど行きません。だから、街の様子は雑誌の情報を覗き見ることでしか知りません。私、そんな雑誌の切り抜きをためていました。いつか楽しみたいと思っていましたから。

某出版社のKさんは、仕事の打ち合わせに私の仕事場に来てくださる時、懐かしい匂いのするお豆の炊いたのやら、黄《こ》金芋《がねいも》(芋の形をした和菓子)などのおみやげをくださいます。Kさんは人形町の近くに住んでおいでなのです。

雑誌の切り抜きでは心細くて、そのKさんにお願いして人形町界隈を案内してもらいました。

渋谷から半蔵門線に乗って20分ぐらいで水天宮前駅下車(地下鉄だと全然遠くない)。ロイヤルパークホテルのロビーで待ち合わせして、まず売り切れるのが早いとうわさの豆屋さんに。まだお昼前だというのにもう売り切れでした。売り切れ札がケースの上に置いてあり、店の人は見ればわかるでしょとにべもありません。Kさんは無愛想な人が多いけど、それも下町風なのよ、となぐさめてくれます。

おいしいそば屋はたたずまいだけ見て、前にやっぱりおみやげにくださった、ドイツパン屋に。私、パンが好きなので、あれもこれもといっぱい買ってしまいました。しっかりショッピングバッグを持って行きましたから、大丈夫。

あそこが三味線屋、それからつづら屋、それから豆腐屋、瓦せんべい屋、ほら人が並んでいるあそこが、人気の親子丼を食べさせる店、と住んでいる人の案内は確かです。とっても充実。

両手にいっぱい買ったものを持って、今度はおいしいとおすすめだったそば屋に行きたいと思いながら大満足で帰ったのでしたよ。

花見弁当、どうする？

デパートで。
いろんな
すしが入っていて
楽しそう。

デパートで。
ランチボックス風のおにぎり。

花よりだんごなんですよねぇ。
花より飲み食い、花より
おしゃべり。
う〜ん、楽しい！

八竹の盛合せ折りです。
茶巾ずしと大阪ずし。

八竹で太巻き一本を
折りに入れてもらったけど、
一人では食べきれません。

大好きな
八竹のは
こんな包み。

原宿・八竹
〇三－三四〇七－五八五八

ゴミは持ち帰り
ましょう。

お花見にはお弁当がつきものですよね。お弁当なしでは楽しくないですもの。

で、手製のお弁当を頑張って作るのです。おにぎり握って、だし巻き卵焼いて、鶏の唐揚げ揚げて、アスパラガスのごま和えも入れて、ちゃんと見た目も考え、お弁当包みも明るい色にして、気張ってお花見に行くのです。

だからお花見の朝は忙しい。手製のはどんな高級割烹のよりおいしいから、お弁当を買って持っていくなんて考えたことがなかった私でした。でも近ごろ周りを見てると買ったのを食べている人も多いのです。気楽にお花見に行けたらそれもいいので、今年は買ったのにしてみようかな。それでいろいろ試してみました。

まずその日に買うものだから、お昼に開店する店のは間に合いません。それから、できるだけ食べやすい、例えば手で食べられるものもいいかなと思う。そして、お花見には日本的なのが合う。サンドイッチだと気分的に何か違うのです。なんて言うかぴったりしない。いつだったかサンドイッチを持っていったら、隣でおにぎりを食べている人がいて、はるかにおいしそうでした。夫もそう思ったらしく、おにぎりがいいなぁとボソッと言ったので。

デパートはたいがい10時に開店します。そして食料品売り場の弁当ものも充実しています。お寿司だっていろいろ。この時期はお花見弁当も出ています。

　私は大阪寿司が大好き。デパートにも売っていますけど、原宿の八竹《はちく》のが好きで、食べるならここのと決めています。確か9時開店で、予約もできますから大勢のも頼めていいのです。

　それにしても空の下で食べるとおいしいですね。家で食べるのと味が違う気がします。

　桜は染井吉野もいいけれど、遅咲きのぼたん桜も見応えがあります。

きりん屋のおいしいカレーが食べたい。

野菜のカレー
5種類も野菜が入っていてヘルシー。
辛くありません。
700円
豆のカレー
ひよこ豆とか4種類の豆のカレーです。
700円
卵とトマトのカレー
ゆで卵がそのまま入っている。
そんなに辛くありません。
900円
ナスとひき肉のカレー
辛めです。
950円
ライス
200円
お肉のカレーにはチキンドピアザ（900円）があります。
絵を描く前に
事務所の者が食べてしまいました。
おいしかったなあだって。
まったくもう！
〈お持ち帰り専門〉
きりん屋
TEL 〇三-三四七九-四六六五
FAX 〇三-三四〇五-九六六八

魚のカレーのスパイスとレシピ（6人分用）
150円

野菜カレーのスパイスとレシピ（6人分用）
400円

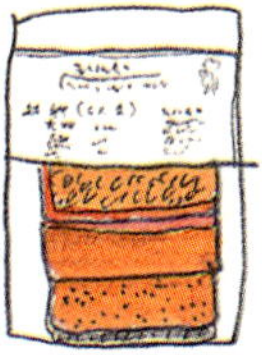

冷凍カレーとスパイスをクール便で地方にも送っているそうです。

ミックススパイスとレシピ（6人分用）
450円

ガラムマサラ（スパイス）
カレーの仕上げやドライカレーに。
400円

ドライカレーの素
ご飯を炒めて素を入れて炒める。
1000円

やっぱりカレーは夏の元気の素。今晩きりん屋のカレーだよというと夫はオーッいいなあという。で、食べすぎる。

人数分違うカレーにしてみんなで楽しむのもよいものです。

麻布十番はちょっと遠い。と言っても1時間もかかりませんが。渋谷の仕事場からは車で30分ぐらいかな。でもカレーを買いに行くにはちょっと遠いんです。あのあたりに用がありませんので、おいしいカレーをしばらく食べていませんでした。さっき「ああ食べたい、あのきりん屋のカレーが食べたい」と思ってしまったら頭から離れません。とうとう今回のテーマにしてしまいました。

きりん屋を知ったのは何かの雑誌に紹介されていたのを見たからでした。もう27年も前のことになります。一流会社のサラリーマンが赴任先のドイツで会社をやめ、そのままインド旅行して帰って、

私の息子が中学生
だった時 英語の
家庭教師にも
きりん屋の
カレーを
食べさせて
あげた。
とても
喜んで
もらえた。

もう一度サラリーマンをして、それからカレー屋を始めたと書いてあったのです。だからよっぽどこだわりのあるカレー屋だろうとそそられ、雑誌の案内を頼りに探したら、間口の小さい手作り風の楚々としたお店でした。

当時まだカレーも、あのナポリタンで代表されていたスパゲッティのようにゆるい味、つまり本場からはるかに遠いものが多かったのでした。でもきりん屋のカレーはお持ち帰り専門のカレーなのに、魅惑的でした。

それ以来食べたくなると、わざわざ買いに行っていました。友だちのうちへのおみやげにもしました。仕事場を世田谷に移した20年前から、世田谷からだと1時間半はかかるので、足が遠のいてしまっていたのでした。また渋谷に仕事場を移しましたが、忙しくて買いに行けませんでした。

さて、久しぶりにカレーを買いに行くので、カレー好きの友だちの分も買ってあげることにしました。おいしいものは分かち合わなくちゃあね。

冷凍のをクール宅配便で地方にも届けてくれるそうです。カレー好きな方は試してみてください。

疲れたら日本の甘味《スイーツ》はいかが。

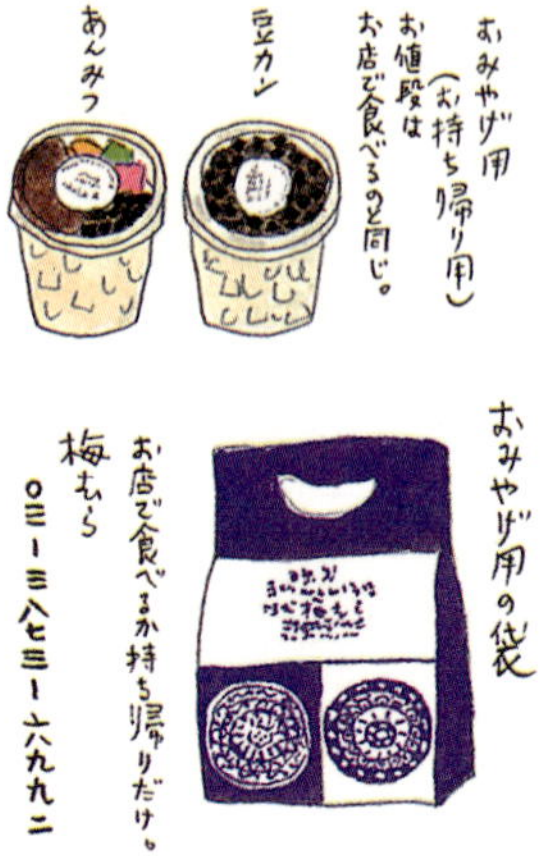
おみやげ用（お持ち帰り用）
お値段はお店で食べるのと同じ。
豆カン
あんみつ
おみやげ用の袋
お店で食べるか持ち帰りだけ。
梅むら
〇三－三八七三－六九九二

梅むら
お店で食べる豆カン
あんみつ

冷たい日本の甘味はいかが。

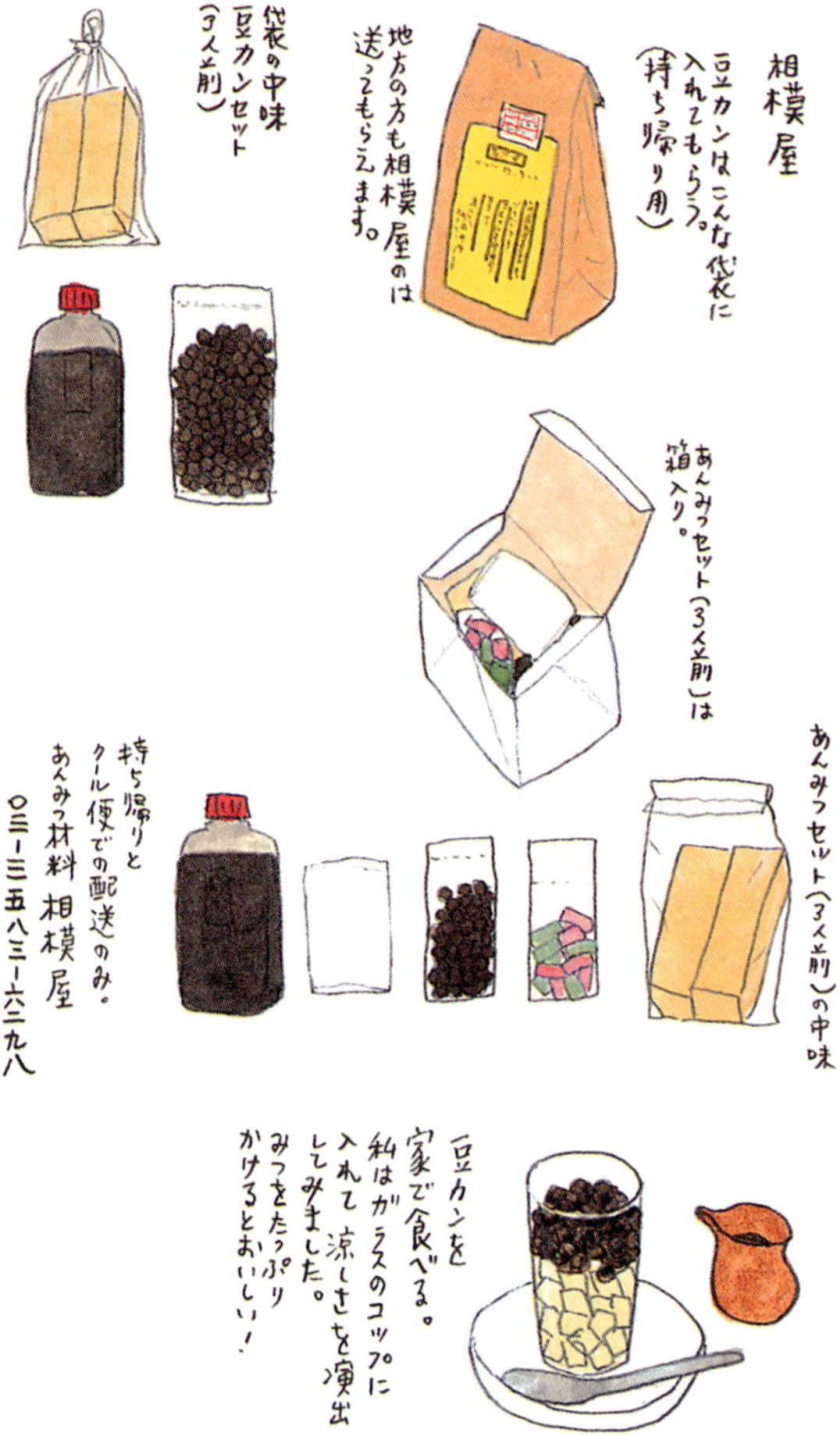
相模屋
豆カンはこんな袋に入れてもらう。(持ち帰り用)
地方の方も相模屋のは送ってもらえます。
袋の中味
豆カンセット(3人前)
あんみつセット(3人前)は箱入り。
あんみつセット(3人前)の中味
持ち帰りとクール便での配送のみ。
あんみつ材料 相模屋
〇三-三五八三-六二九八
豆カンを家で食べる。
私はガラスのコップに入れて涼しさを演出してみました。
みつをたっぷりかけるとおいしい!

夏の終わりかけのころは、夕方に涼風が吹くと季節の変わり目を感じてちょっとホッとするけれど、昼間は相変わらず強い日射しです。エイッと気合いでも入れないと元気が出ませんね。そんな時期は、夏疲れが体にたまっていると思うので、少しいたわりましょうか。

まずは楽しいことをしたいと思いました。楽しいことは、今流行《はやり》の言葉で言う、リフレッシュすることにもなると思うので、楽しかったり、うれしかったり、感激したりしたことを思い出してみました。

手軽に楽しめそうなことを絞り込んだら、ずいぶん前に知人の家のパーティに出ていた豆カンを思い出したのです。↘

私の楽しみはどうしても食べることになってしまいます。

豆カンというのは甘味屋で食べる、あの豆寒天のことで、寒天の上に赤エンドウ豆の軟らか煮をのせて、蜜(私は黒蜜が好き)をかけて食べる、ごくシンプルな和のスイーツです。パーティに豆カンが出るってちょっとありませんでしょ。そのパーティのコーディネートは、とびっきりセンスのいいKさんでしたから、もちろん普通に出してはいませんでした。知人の宝物の赤伊万里の大ぶりの器に寒天、豆、蜜が別々に盛られていて、好きな量だけ食べられるようになっていたのでした。

豆カンって見かけも地味です。でも器と盛りつけで、立派なパーティのスイーツでした。それにその豆カンのおいしかったこと、さすがKさん。それまで豆カンをおいしいと思ったことがなかった私は大感激。浅草の梅むらのものと聞いて絶対買いに行こうと思ったものでした。

あれからずいぶん年月がたちました。実は一度も買いに行っていないのです、私。女性雑誌に出ていた地図だけ大事に持っていました。

だからこの夏、私の夏疲れを癒すために実行することにしたのです。ホント、おいしいものは元気が取り戻せますから。

おまけ

北欧でみつけた、
暮らしの楽しみ

スウェーデン
［ストックホルム］

旅先で市場を覗くのが好きです。
おいしいものは楽しいから。

スウェーデン
フィンランド
ノルウェー
ストックホルム
デンマーク
コペンハーゲン
ドイツ
LEEの仕事で北欧の
2つの国を訪ねました。
思っていた以上に
すてきで、魅力的な街でした。

白夜のイメージが強い北欧だったから、夏でも涼しいと思っていたのです。実際私が訪ねた5月のストックホルムは、水と緑の美しい明るい街でした。

　まず案内してもらったのが建物の地下にある市場でした。チーズ、パン、野菜、肉などが区分けされた場所にきちんと並んでいます。そして市場にはレストランがあり、ランチには人が並ぶ人気。私も魚屋の隣のレストランで、スウェーデン沖で取れたエビをたっぷりいただきました。おいしかった！

市場がオフィス街など街の中心地にあるのが特徴。だから昼休みや仕事帰りなどに、食材やおかずを手早く買って帰れる。

えびとかにの子が
おいしかった。
地下の市場の
食堂で食べた
お昼ご飯。

ストックホルムは水と緑が豊かな、癒される街。

おいしくて毎日のように食べてしまったアイスクリーム。

アイスクリームは女や子供の食べものじゃないのです。男の人が食べているのをよく見かけました。
手焼きのワッフルコーン
ピスタッチオとか、ナッツ類のアイスクリーム
いちごのソフトクリーム

美しい初夏の空の下で、
金髪の子供の頭が揺れる
気持ちのよい日。

北欧でまぶしい日の光を、真っ青な空を見られるなんて。ホントに強い光と色なのです。紫外線が強いそうです。だからなるべく日陰に入るようにしていましたが、あちらの方たちはなにをさしおいてもという感じで日を浴びているんです。夏が短いからだそう。

街の中のベンチで、公園の芝生で。子供も大人も老人もどんどん。気がついたんですが、人だけじゃなく木や草の緑も色とりどりの花も野菜たちも鳥たちも、やっぱりこの時期うれしそう。

市民の憩いの場所、ユールゴールデン島で。

公園のようなオープンカフェでは、食べた後のごみや皿やカップを入れる箱に、車がついていて、いっぱいになったら運んでいく。空のを人が大勢飲み食いしている所に置きに行くところ。

公園の中にあるレストラン、ローゼンダールス・トレードゴードのショップで。

フレッシュなにんにくやアスパラガスがいい感じに並んでいました。

ただただ日光浴をしている人々。紫外線なんて、だーれも怖がっていないみたい。気持ちよさそうでした。

生活に使う布がいっぱい。
暮らしを楽しむのが
上手な北の国の人。

100%
LIN
色や柄もいいけど
生地もしっかりしている。

デザイナーものの
フェルトの上履き。
フィンランドの
上履きだけど、
フェルトです。

麻のふきん

友達に
あげる
セット。
ふきんと
バターナイフ

なんで北の国にリネンを売る店があるんでしょう？　夏が短く、暗い冬を過ごす時間が長いからこそ、家の中の生活を大事にするのですって。私はうち用にリネンのキッチンクロスとテーブルクロスを買いました。うちだけでは悪いから、友だちにもキッチンクロスを買いました。幸せな気持ち。

　布は切り売りもしてくれます。きれいな色の幅広の巻いたのが壁に横にかけてありました。紺色のベッドリネンを作ったら素敵、と思いました。

麻の店にもインテリアの店にも布がたくさん売られていました。どれも欲しくなります。あれはクッションに、あれはエプロンになんて。

訪れたのは５月初旬。日に日に木々が芽吹いて。

デンマーク
［コペンハーゲン］

王様の家は道に面し、
王妃様はデパートで
買い物なさるって。

あの有名な人魚姫の像を見て、衛兵の交代を見て、観光気分を楽しんで、街中

アルネ・ヤコブセンのカトラリー。
昔フォークとスプーンを買いました。
今回ナイフと 小さい方の フォークと
スプーンを足しました。
小さいのは和菓子にも使える。

をお買い物しました。私は生活雑貨好きですので、ロイヤル・コペンハーゲンでもジョージ・ジェンセンでも欲しいものばっかりでドキドキ。大人っぽくよいものがたくさんありました。改めてシンプルなものはきれいと思いました。

郊外にある美術館にも行きましたが、走る車から見た、自転車の前に箱がついている走る乳母車にはびっくり。クリスチャニア・バイクと呼ぶのですって。子供が楽しそうでよかった。道が広いから安心して使えるのです、きっと。海も海辺の別荘も素敵でした。

寄り道を楽しみ、コンテンポラリー・アートを堪能した一日でした。

朝食用に買いました。
カジュアルだけど品がよいので
とってもも気に入っています。

絵本の中に出てきそうな雰囲気のある建物や街灯が印象的。

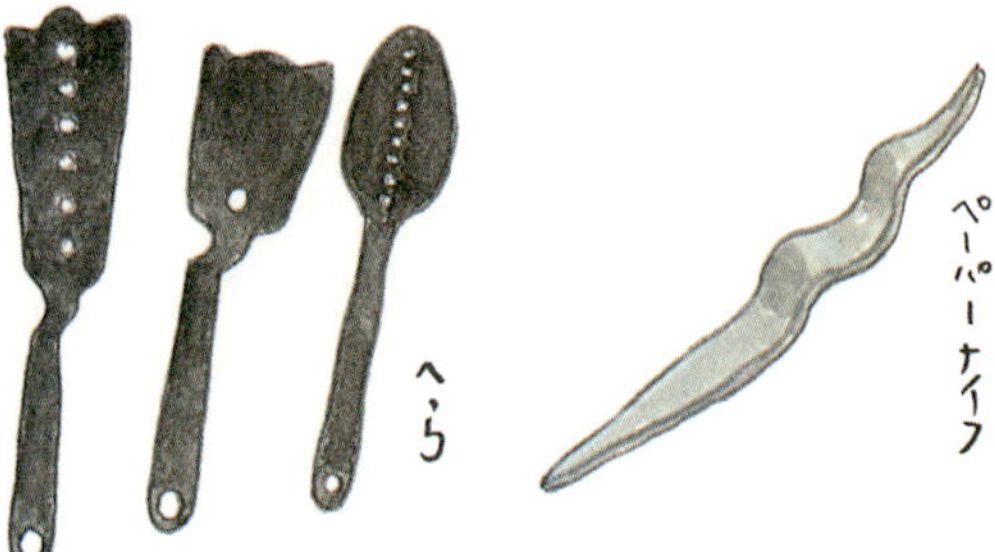

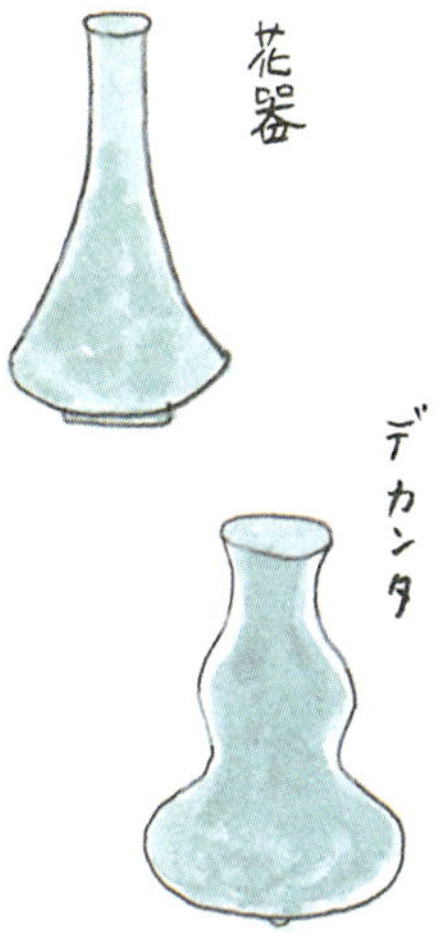

真っ赤な大きなポスト。金色のラッパのマークがどこか毅然とした感じ。

光が射し込むロイヤル・コペンハーゲンのショップ。器の色とフォルムが魅力的。

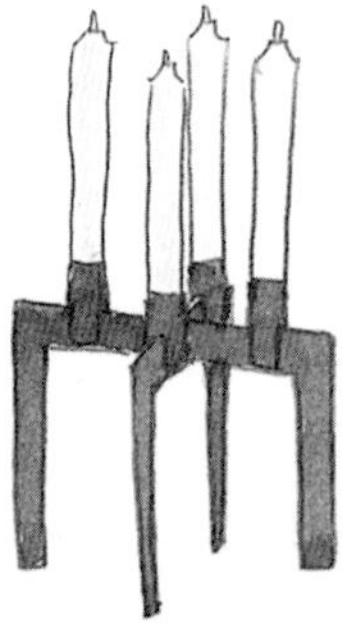

4本立てのキャンドルは
クリスマスまでを
4週間前から楽しむため。

王立図書館のホールの天井は高く、窓のクラシカルモダンなデザインが美しい。

船着き場、ニューハウンに並んだレストランはいつも大勢の人でにぎやか。

女王様が住むアマリエンボー宮殿へ向かう衛兵の行進を街で見かけることも多い。

自転車に乗っている人が
すごく多い。
自転車かごは
手さげとして
使える
のです。
これで、
買物は
大丈夫。

ここをハンドルにつける、

ブルーと白を基調にした、
ヤコブセンの店内。

デンマークで一度は食べたいのが
サーモン。

現代アートは郊外のルイジアナ美術館で。

海沿いにあるレストラン、ヤコブセン。

クリスチャニアの
自転車。
子供を乗せて
公園に。
子供はヘルメットを
かぶって、お布団を
かけていました。

そうこれこれ！　と私は感動したのです。あの椅子にもこの椅子にもお熱を上げたことがあったなぁって。日本でデザイン運動が盛り上がったころ、たくさんの輸入家具を見ることができました。私のインテリアの基本にデンマークの家具があったのでした。今見ても新鮮です。

デザインは美しくなくちゃ、と改めて思いました。究極の美しいは時間を超えてもなお美しいのです。また、椅子は座りよくなければいけません。欲しかった椅子に何度も腰かけて、改めてよい椅子と納得。

欲しい椅子の前から動けなくなってしまった私。

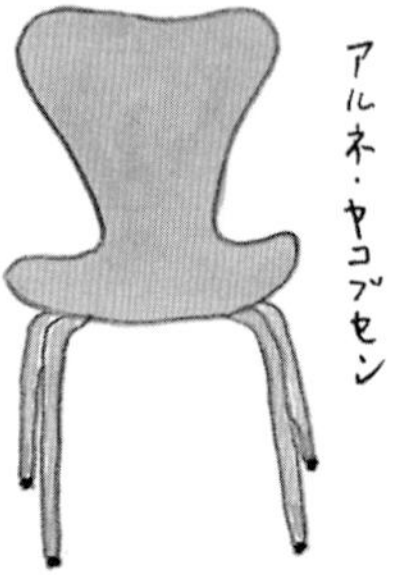

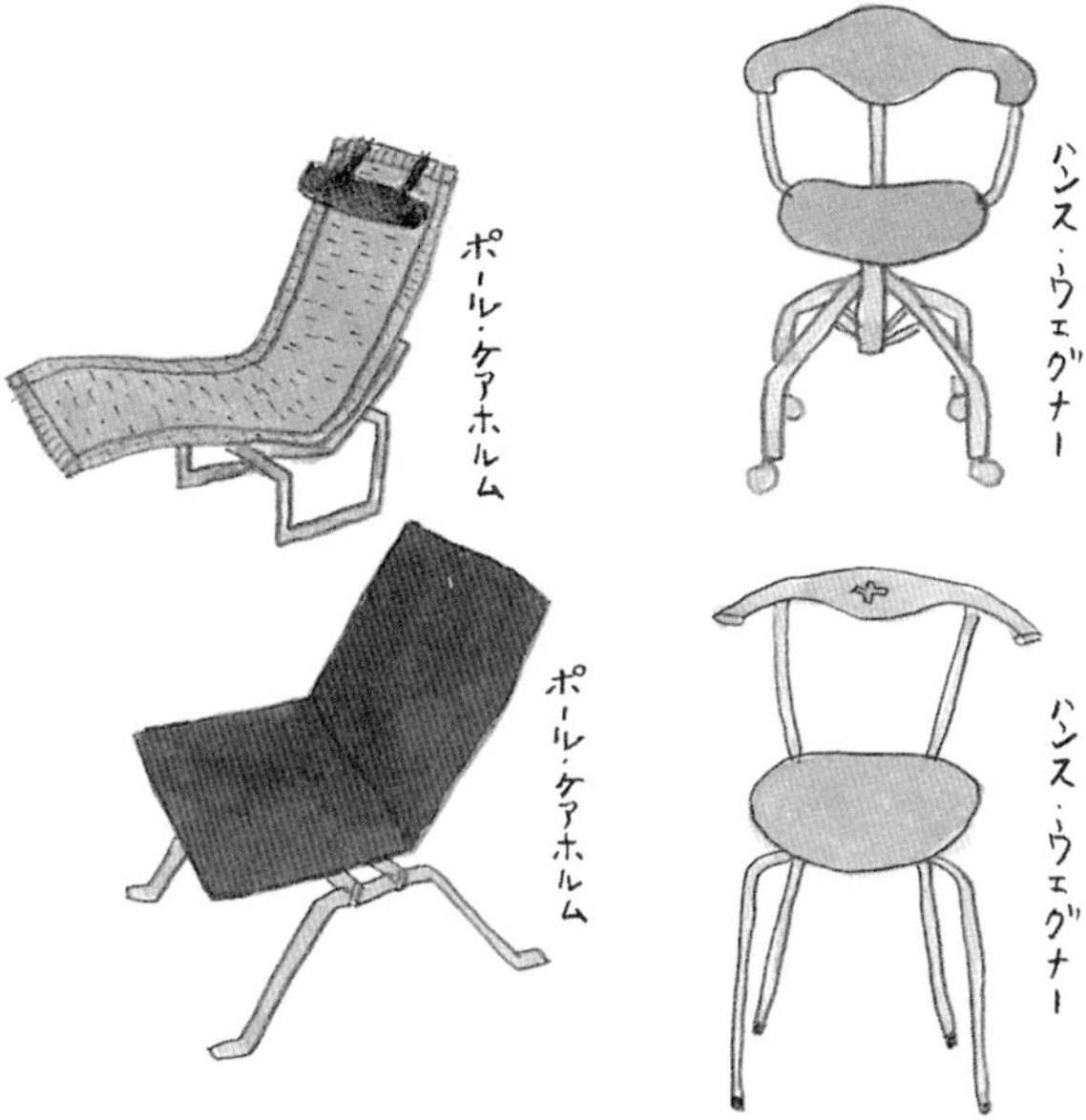
ハンス・ウェグナー
ポール・ケアホルム
ハンス・ウェグナー
ポール・ケアホルム

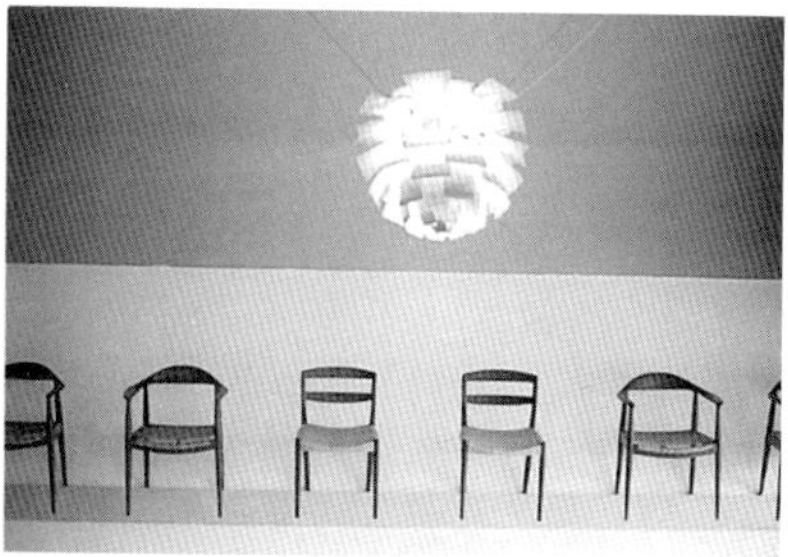

デザイナーの椅子の
ビンテージが美しく
並ぶ家具ショップ。

サンドイッチもケーキも
おいしいね、おいしいよ、って
夢中の日々でした。

アップルパイ

サンドイッチ
パンの上に具をのせる。
ブルーチーズ

重みがあるのに、食べるとサクサクしていて大満足のデニッシュ。オープンサンドはパンと具の組み合わせを選んでオーダーする。

サンドイッチは、エビやサーモンやニシンの酢漬けのような海のものからごちそうのステーキやデザート感覚のチーズといろいろあり、パンの上にそういう具をのせて、ナイフとフォークでいただくのがデンマーク風だそうです。楽しくておいしいのです。お皿もちゃんとロイヤル・コペンハーゲンでした。

そして甘いものは品よく甘く、大きくても食べられちゃう。ケーキはホント大きいのですよ。私がお昼に食べた野菜タルトも大きかったけど、ペロリと食べてしまった。

おわりに

『LEE』で連載コラムをさせて頂いた後、単行本にして頂いたのですが、あれから年月が重なりました。単行本に再録の時にはコラムの中で紹介した商品がなくなっていたり値段が変更になっていたりしましたから、訂正をして頂きました。この度その単行本をこのような文庫本にして頂く際も、またいろいろと訂正箇所が出てきて、編集部の方にお世話になりました。

とてもおもしろくさせて頂いたコラムでしたので、今見ても楽しいと私は思います。あの頃と比べると、生活まわりの本がたくさん出ています。食の情報誌もいっぱい出ています。それでも一人一人、一冊一冊それぞれで、それが楽しい。私もいろんな方のを持っています。『LEE』の編集者の方に手伝って頂いた、この私の本もたくさんの方に楽しんで頂けたらと願っています。

『LEE』でお世話になった編集者の方、単行本に編集し直してくださった編集の方、文庫本にしてくださった編集の方、レイアウトをやり直してくださったデザイナーの方に、心よりお礼申し上げます。またこの本を読んでくださった方、ありがとうございました。

二〇一〇年四月

大橋　歩

大橋　歩　年譜

1940 三重県に生まれる。

55 絵画教室に通い、水彩を習い始める。

60 多摩美術大学油絵科に入学。（64年卒業）

62 イラストレーター・河原淳氏のゼミナールに通い、指導を受ける。

64 『平凡パンチ』創刊。専属イラストレーターとして３９０冊の表紙を手がける。（〜71年）

70 『アンアン』創刊。イラストとともに、初めてエッセイを発表。

74 『生活の絵本』表紙（〜77年）

75 『宝島』表紙（〜77年）

80 ピンクハウスのポスターやＤＭを手がける。（〜90年）

1981　青山に「スタジアム」開店。
ナイトウェアやステーショナリー等を販売。（～85年）
「クロワッサンの店」の商品開発に携わる。（～2000年）
83　自宅を改装。
東京ガスの新聞広告でADC賞を受賞。
90　静岡県熱海市にアトリエを建設。
92　『LEE』に挿絵・エッセイを書きはじめる。
94　京都丸紅の着物、ゆかた地のデザインを手がける。（～96年）
2001　千葉県南房総市富浦にアトリエを建設。
『村上ラヂオ』装画・挿絵（村上春樹著）

『模倣犯』装画（宮部みゆき著）
02　季刊誌『アルネ』創刊。企画・取材・写真撮影・編集までをひとりで手がける。（〜09年12月）
07　仕事場を世田谷区駒沢に移転。イオギャラリー、ショップを併設。
09　三重県立美術館にて「大橋　歩展　平凡パンチからアルネまで　アート・ファッション・ライフスタイル　1964年〜2009年」を開催。

参考／「大橋　歩　わたしの時代　1962-2009」（大橋　歩展カタログ）

この作品は二〇〇一年十二月、集英社より刊行されました。
本書で紹介の商品の価格は税込み、データは二〇一〇年四月時点のものです。

本文デザイン　葉田いづみ
本文イラスト　大橋　歩
本文写真　富士　晃

大橋　歩の本

くらしのきもち

少女の頃、駆け出しイラストレーター時代、育児、住まい、犬のこと……毎日をまじめにきちんと、そして楽しく。数々の出会いを通して考えたことや、気持ちの原点をまっすぐ綴ったエッセイ。

集英社文庫

大橋　歩の本

おいしい　おいしい

家の料理と外の食事、ひとりごはんとみんなでごはん、噂のレストランや老舗の和食、お買い物や旅先でのおみやげ……食べることが大好きな著者が初めて書いた「食」の本。レシピも充実。

集英社文庫

大橋　歩の本

オードリー・ヘップバーンのおしゃれレッスン

『ローマの休日』『麗しのサブリナ』……永遠のファッション・アイコンのスタイルを、豊富なイラストと鋭い審美眼で解説。その魅力に迫る。

集英社文庫

S 集英社文庫

テーブルの上《うえ》のしあわせ

2010年5月25日　第1刷　　定価はカバーに表示してあります。

著　者　大橋《おおはし》　歩《あゆみ》

発行者　加藤　潤

発行所　株式会社　集英社
東京都千代田区一ツ橋2-5-10　〒101-8050
電話　03-3230-6095（編集）
03-3230-6393（販売）
03-3230-6080（読者係）

印　刷　大日本印刷株式会社

製　本　大日本印刷株式会社

フォーマットデザイン　アリヤマデザインストア　　マークデザイン　居山浩二

ISBN978-4-08-746570-9 C0195